1.Auflage
ISBN: 978-3-9525735-0-1

5 MINUTEN AUSZEIT FÜR Mama

ACHTSAMKEITSTIPPS
FÜR MEHR GELASSENHEIT UND HARMONIE IM MAMA-ALLTAG
EIN WOHLTUENDES MAMA-ENTSPANNUNGSGESCHENK

KATJA WÖHLER

« HINTER JEDEM grossartigen Kind steht eine Mutter, DIE SICH ziemlich sicher ist, alles falsch ZU MACHEN »

Unbekannt

DIESES BUCH GEHÖRT:

Inhalt

EINLEITUNG
SEITE 3 BIS 17

- Happy Wife, happy life
- Du bist wundervoll!
- Bedienungsanleitung
- SOS-Mama-Hilfe erklärt (5 Minuten)
- Vorbeuge-Tipps erklärt
- Jede Mama ist anders
- Spiel dein Spiel
- Kommunikation mit Partner und Familie
- Me-Time! Schaff dir Raum und Zeit
- Jetzt oder nie!

SOS-MAMA-TIPPS
AB SEITE 20

IN 5-MINUTEN UMSETZEN →

Sofortmassnahme gegen Stress	24
Gedankenkarussell abstellen	36
Für meine gute Laune	44
Für die gute Laune meiner Kids	50
Kunterbuntes	58

VORBEUGE-TIPPS UND WISSEN

AB SEITE 64

Stress allgemein vermeiden 70

Achtsamkeit trainieren 76

Gedankenkarussell abstellen 88

Das Mindset richtig programmieren 94

Den Perfektionismus besiegen 106

Neue Wege für die Beziehung 112

Organisation ist das A & O 120

Ernährung gut vorbereiten 134

Bewegung und Sport – die Stresskiller schlechthin 142

Für die gute Laune meiner Kids 152

→ IN 5-MINUTEN LESEN

ANHANG

AB SEITE 163

Familienplakat 163

Entspannteste Mama 164

Schlusswort & Danke... 166

CHECKLISTE: MAMA WORKLOAD SEITE 90

Liebe Mama,

wie schön, dass du hier bist und dich für dieses Buch entschieden hast. Indem du mit diesem Buch arbeitest, hast du dich für dich und deine seelische Gesundheit entschieden. Das ist ein großer Schritt!

Die Erwartungen an uns Mamas sind hoch und wir selbst haben dabei oft den höchsten Anspruch an uns. Dabei stolpern wir alle in dieses Abenteuer, auf das wir uns nicht vorbereiten können. Als Mama kommen wir immer wieder in Situationen, die uns über unsere Grenzen führen und uns spontan vor ganz neue Fragen stellen. **Unsere Vorstellung von Luxus ändert sich vom Wellnesswochenende hin zum Toilettengang ohne Publikum.** Trotzdem: Jede von uns ist einzigartig und so sind auch unsere Lebenssituationen. Ob du gerade schwanger oder schon Mama von einem oder mehreren Kindern bist, ob dich momentan die erste Autonomiephase deines Kindes an den Rand des Wahnsinns treibt, ob du in einem Nebenjob arbeitest, voll berufstätig bist oder gar nicht arbeitest, ob du alleinerziehend oder in einer schwierigen oder aber in einer erfüllenden Partnerschaft bist – **in jeder Konstellation ist Mamasein ein 24/7-Job**.

JEDE VON UNS IST EINZIGARTIG UND SO SIND AUCH UNSERE LEBENSSITUATIONEN.

Dieses Buch entstand in Zusammenarbeit mit vielen Mamas und Therapeuten. Alle Tipps wurden erprobt und als sehr nützlich empfunden. Darum sollen sie jetzt auch dir zur Verfügung stehen!

Mir ist wichtig, dass es schnelle und lang haltende Hilfestellungen für die Herausforderungen deines Alltags sind. Du entscheidest, was für dich gut ist und was dir hilft. Es sind keine Erziehungstipps, bei denen dir Experten ihr theoretisches Wissen weitergeben, mit dem du in deinem Alltag in vielen Situationen vielleicht wenig anfangen kannst. Wenn du aufgelöst und überfordert bist, hilft es dir nicht, wenn dir gesagt wird, dass du nur locker bleiben musst. Ich wusste am Anfang gar nicht mehr, wie ich locker bleiben kann. Aber das nur am Rande.

Es geht hier darum, dich als Persönlichkeit zu stärken und dir allgemeine und praktische Tipps zu geben, wie du Situationen auflöst. **Statt auf den Kindern, liegt der Fokus auf dir und deinem inneren Gleichgewicht. Zeit für dich ist kein unnötiger Luxus, sondern eine notwendige Basis, damit es allen gut geht.** Wenn es dir gut geht, bist du gelassener – und mit Gelassenheit kannst du Situationen in deiner Familie anders auflösen. Du hast mehr Energie und fühlst dich besser. Alles, was es braucht, sind regelmäßige kurze Momente der Self Care.

HAPPY WIFE, HAPPY LIFE

Vielleicht kennst du diesen Spruch. Tatsächlich geht es nicht nur dem Mann besser, wenn es der Frau gut geht. Das ganze Familiensystem profitiert von der mentalen Gesundheit und Stärke der Frau. Eine Langzeitstudie an der Vanderbilt University in den USA hat über 32 Jahre die Gesundheit und den Lebensstil von Familien untersucht. Die Werte von fast 2000 Kindern und ihren Eltern zeigen dabei Erstaunliches: Kinder von Müttern mit positiver Herzgesundheit blieben selbst gesünder. Dabei waren die Gesundheit und der Lebenswandel der Mütter für die Kinder entscheidend (Link zur Studie auf Seite 168).

Solange Mütter die Hauptbezugspersonen sind, haben ihre Entscheidungen eine größere Wirkung auf das Kind. Sind beide Eltern gleichwertige Bezugspersonen, sollte sich ihr Lebenswandel gleichwertig auf die Kinder auswirken. Denk in jedem Fall daran: **Der positive Umgang mit deiner Gesundheit wirkt sich bis ins Erwachsenenalter auf deine Kinder aus.** Ein guter Grund für einen Fokus auf Self Care, oder?

DU BIST WUNDERVOLL!

Hast du auch tausend kleine Erinnerungen an Momente, in denen du dir und deinen Ansprüchen nicht genügt hast? In denen du vielleicht laut oder ungeduldig mit deinem Kind geworden bist? Wo du kein Verständnis hattest? Wenn du zu müde gewesen bist, um einen langen Spaziergang zu machen oder um das Chaos des Tages zu beseitigen? Tage, an denen es kein selbstgekochtes Bio-Essen gegeben hat, sondern eine Tütensuppe und Schokolade für dich? – **Jede von uns hat diese Tage und Momente, und es ist eine Kunst, sich dafür nicht zu verurteilen.** Aber du bist ein Mensch und machst alles an jedem Tag so gut du es kannst. Hör auf, mit dir zu hadern und dich für deine Menschlichkeit zu verurteilen: Du bist wunderbar, wie du bist. Deine Stärken und deine Schwächen – all das macht dich wundervoll. Du verdienst, von dir als ganze Person geliebt zu werden. Es ist leicht, uns zu lieben, wenn wir gerade glänzen. Aber viel nötiger haben wir unsere eigene Liebe und Zuneigung, wenn wir nicht glänzen. Du verdienst all das Glück und die Liebe zu dir selbst. Wer sich permanent überfordert, tut sich nicht gut und ist kein gutes Vorbild für seine Kinder. Wenn du eine besonders nachhaltige kritische Stimme in dir hast, ist es sinnvoll, dir vorzustellen,

→ BIS HIER: 5 MINUTEN

deine Freundin würde dir von genau dieser Situation und diesem Verhalten erzählen. Was würdest du ihr sagen? Wärst du mit ihr ebenso kritisch? Oder hättest du nicht vielmehr tröstende Worte für sie und würdest etwas Bestärkendes finden?

BEDIENUNGSANLEITUNG

Dieses Buch zeigt dir in wenigen Schritten deine eigenen Kompetenzen. Es ist kein Buch, was dir sagt, «mach es so und so und dann seid ihr alle glücklich». Stattdessen soll es dir helfen, deine eigenen Erfahrungen zu machen. Du lernst dich besser kennen und kannst Situationen anders einschätzen. Mit der Zeit wirst du ein so gutes Gefühl für dich und deine Bedürfnisse entwickeln, dass du genau spürst, was du wann brauchst. **Vielleicht werden es mit der Zeit auch mehr als fünf Minuten?**

Es ist ein Nachschlagewerk, das dich einlädt, dich neu kennenzulernen. Wenn ich schreibe, «arbeite mit dem Buch», gehst du vielleicht innerlich bereits in eine Abwehrhaltung. Noch mehr Arbeit und Anstrengung, wo du dich doch nach Leichtigkeit sehnst? Ich verstehe dich und weiß, dass in deinem Alltag für mehr Mühe, Druck und weitere To-dos keine Zeit ist. Deswegen ist dieses Buch besonders übersichtlich aufgebaut. Es bietet dir Vorschläge, wie du Situationen verbessern kannst. Es ist ohne Druck: Du entscheidest, was für dich passt. Alles andere ignorierst du. Blättere wild im Buch herum und such dir nur das aus, was dich anspricht. Jede Übung ist so aufgebaut, dass du sie innerhalb von fünf Minuten lesen kannst, und einige von ihnen kannst du in einem ähnlich kurzen Zeitfenster umsetzen. Andere brauchen etwas Vorbereitung oder sind über den Tag verteilt – aber auch diese sind familienfreundlich gehalten. Bitte mach dir keinen Druck und sei nicht enttäuscht, wenn etwas für dich nicht funktioniert. Dann war es nicht die richtige Übung für dich zu diesem Zeitpunkt.

> FREUNDE DICH MIT DIR AN – DU VERDIENST DEINE FREUNDSCHAFT UND LIEBE.

Alle Texte sind extra kurz und knapp geschrieben, damit du deine fünf Minuten schön ausfüllen kannst. Nicht jede Mama liest gleich schnell. Bei Bedarf könntest du dir mit dem Handy die Zeit stellen oder eine Sanduhr nehmen, damit du die Zeit im Blick hast.

Du findest im Buch QR-Codes mit Links zu externen Seiten (YouTube-Videos oder Internetseiten, damit du etwas ausdrucken kannst). Sie sollen dir als weitere Inspiration dienen, wenn dich ein Thema besonders anspricht.

WIE SCANNE ICH EINEN QR-CODE EIN?

Um den QR-Code zu scannen, aktivierst du an deinem Smartphone die Scan-Funktion über eine QR-App oder über die Kamerafunktion. Dann richtest du einfach die Kamera für einen kurzen Moment auf den QR-Code. Wenig später erscheint der Link.

KURZ ZUR ÜBERSICHT

Das Buch ist zur besseren Orientierung in zwei Bereiche aufgeteilt: **Die SOS-Mama-Tipps** und **Vorbeuge-Tipps**. So kannst du je nach Situation schnell reagieren. Bei manchen Tipps gibt es noch mehr Hintergrund-Informationen. Diese sind optional.

SOS-Mama-Tipps (5 Minuten)

Diese Tipps helfen dir in akuten Stresssituationen. In dieser Rubrik findest du sozusagen die **Feuerwehr-Tipps**. Dabei ist es sinnvoll, die Tipps zuerst einmal anzuschauen und «trocken» umzusetzen. Sie alle sind so aufgebaut, dass sie beim Lesen und Umsetzen maximal fünf Minuten deiner Zeit erfordern. Je vertrauter du mit den einzelnen Tipps bist, desto besser kannst du den richtigen Tipp für dich in der akuten Situation finden.

Vorbeuge-Tipps

Diese Tipps wirken vorbeugend. Mit ihnen lernst du, dich für deine Bedürfnisse zu sensibilisieren. Nein, sie können nicht jeden Stress beseitigen, aber sie senken dein Stresslevel auf lange Sicht. Du entdeckst manche Trigger und Fallen viel schneller und lernst, mit ihnen konstruktiv umzugehen.

Für mich ist beispielsweise oft die Öffentlichkeit ein großer Trigger. Meine Kinder aus dem Kindergarten abzuholen, konnte in manchen Phasen einem Minenfeld gleichen. In dieser Erwartungshaltung bin ich bereits angespannt beim Kindergarten angekommen. Wechselweise kam ich nach dem Empfinden meiner Kinder entweder zu früh oder zu spät, was sie gerne und lautstark angemerkt haben. Anziehen wollte sich mindestens eins meiner Kinder nicht, während das andere loswollte. Mir stand der Schweiß auf der Stirn und in mir ratterte es. **Die Erzieherin beobachtete mich und garantiert kam diese eine Mutter, die mich immer in meinen inkompetentesten Momenten erlebte.** Vor dem Kindergarten schmiss sich dann ein Kind hin, während das andere brüllte: «Ich will jetzt nach Hause und endlich Süßigkeiten!» (worüber wir garantiert nicht geredet hatten). Das eine Kind ziehend oder tragend und mit dem

→ BIS HIER: 5 MINUTEN

anderen diskutierend – so bin ich an den meisten Tagen nach Hause gekommen. **Im Grunde war ich bereits mit meinen Nerven fertig, bevor ich überhaupt im Kindergarten und bei meinen Kindern war.** Das zu erkennen, war für mich wichtig, weil ich es lange nicht bemerkt habe. Alles andere baute sich darauf auf. Weil ich schon gestresst war, konnte ich meine Kinder nicht so abholen, wie sie es vielleicht brauchten. Die Erwartungshaltung, dass andere mich missgünstig beobachten und bewerten, hat mich im Agieren zusätzlich beschränkt.

> DIE ERWARTUNGSHALTUNG, DASS ANDERE MICH MISSGÜNSTIG BEOBACHTEN UND BEWERTEN, HAT MICH IM AGIEREN ZUSÄTZLICH BESCHRÄNKT.

Kennst du ähnliche Dynamiken in deinem Alltag? Sie können natürlich anders sein als meine Erzählung, aber für viele Mamas sind die Bring- und Abholsituationen in der Tageseinrichtung stressig. Gerade in den Autonomiephasen ist es eine Herausforderung, die Nerven kostet. Die Vorbeuge-Tipps helfen dir, in diesen Situationen mehr bei dir zu bleiben und dadurch ruhiger zu agieren. Auch hier gilt: Lies dir das durch, was dich anspricht, und probiere die Tipps als Trockenübungen aus. Teile sie dir ein oder erledige sie nebenbei. Sie sind so aufgebaut, dass du sie gut in deinen Alltag integrieren kannst.

JEDE MAMA IST ANDERS

Denk daran: Es gibt kein Richtig oder Falsch. Während der eine Tipp für dich Wunder wirkt, funktioniert der nächste vielleicht nicht. Hör auf dich und dein Gefühl. Lass dir Zeit mit allem. Es ist ein Prozess, den du schrittweise gehst. Manchmal gibt es bei so einem Weg auch Rückschritte. **Geh liebevoll mit dir um, wenn du merkst, dass etwas plötzlich nicht mehr funktioniert.** Hab Vertrauen in dich und deine Fähigkeiten. Halte dir stets vor Augen, was du alles bereits geschafft hast. Wende deinen Blick dabei bewusst auf die kleinen Dinge und feiere dich für die Momente im Alltag, die liebevoll und schön sind: Wie du dein Kind voller Liebe geweckt hast. Wie ihr gemeinsam gelacht habt.

SPIEL DEIN SPIEL

Weißt du, welcher Spruch der Lehrerin meiner Kinder mir im Homeschooling am meisten Stress gemacht hat? – «Machen Sie das einfach spielerisch.» Trotzdem sage ich dir das jetzt auch. Du musst keine gute Laune haben, wenn du sie nicht hast. Ich weiß, wie viel du in deinem Alltag jede Minute und jede Stunde bereits leistest, indem du für dein Kind oder deine Kinder da bist, die kleinen und großen Anforderungen des Alltags stets auf dem Schirm hast, Arzttermine jonglierst, das Sozialleben managst und in vielen Fällen obendrauf noch die Anforderungen deiner Arbeit erfüllst.

Sieh das Buch und seine Werkzeuge als Spiel an und mach dir keinen Stress. Nutze deine kostbare Zeit umsichtig. Beginne nicht voller Elan und sei dann enttäuscht, wenn du das Tempo nicht durchhältst. **Viele kleine Schritte bringen dich langfristig weiter als ein großer Schritt.**

KOMMUNIKATION MIT PARTNER UND FAMILIE

Nach diesem Ratgeber wirst du andere Sichtweisen haben. Vielleicht wird es dazu führen, dass du an einigen Stellen bewusster auf dich und deine Bedürfnisse schaust und anders reagierst als gewohnt. Für die Menschen in deinem Umfeld kann das manchmal bedeuten, dass sie aus ihrer Komfortzone herausmüssen.

Wenn du lernst, für deine Bedürfnisse einzustehen, sagst du eher Nein, wenn dich etwas überfordert. Oder du bittest um Hilfe, wenn du sie brauchst. Sprich daher offen mit deinem Partner, deiner Partnerin, deiner Familie oder deinen Freunden. Sag, was in dir vorgeht, welche Dynamiken du vielleicht erkennst und was du gerade aktiv änderst. Hol sie mit ins Boot bei dieser Veränderung, damit sie dich unterstützen. Klare Kommunikation hilft ihnen, deine Veränderungen zu verstehen. Beginne, für dich zu sorgen und zu kommunizieren, was du brauchst – ohne schlechtes Gewissen, sondern mit der klaren Gewissheit, **dass du nur für andere sorgen kannst, wenn du zuerst liebevoll für dich sorgst.** Alles andere führt dazu, dass du mittel- oder langfristig ausbrennst.

HALTE DIR STETS VOR AUGEN, WAS DU ALLES BEREITS GESCHAFFT HAST.

ME-TIME! SCHAFF DIR RAUM UND ZEIT

Als ich Mama geworden bin, sagte mir eine ältere Freundin: **«Vergiss nicht, manchmal allein mit dir in der Sonne ein Eis zu essen. Nur mit dir und nur für dich.»** Das erschien mir unvorstellbar in dem Moment. Wäre das nicht egoistisch meinem Partner und meinem Baby gegenüber?

→ BIS HIER: 5 MINUTEN

Heute kann ich ehrlich schreiben: Das war der beste Tipp, den ich bekommen habe. Denn diese Momente, in denen du dir für dich Zeit nimmst und runterkommst, schenken dir und deinen Liebsten so viel neue Energie. Erlaub dir das deswegen ohne schlechtes Gewissen. Und variiere bei den Längen. Es ist wichtig, dass du dir kurze Momente im Alltag nur für dich nimmst. Beispielsweise abends vorm Schlafen im Badezimmer oder beim Aufstehen der erste Tee oder Kaffee. Probiere aus, wann dir diese Momente am meisten fehlen und damit am meisten Energie schenken, wenn du sie bekommst. Sprich ehrlich mit deinem Partner darüber, dass du diese Momente brauchst, um ausgeglichen zu sein.

OHNE SCHLECHTES GEWISSEN!

Erlaube dir, regelmäßig einen Abend nur mit deinen Freundinnen zu verbringen oder deinen Sport allein weiterzumachen und dich dabei auszupowern. Damit bist du ein gutes Vorbild für deine Kinder, die sich bei dir abgucken können, auf sich und ihr Wohlbefinden zu schauen. Überlege, was dir gute Laune macht, und schenk dir diese Momente ganz bewusst.

JETZT ODER NIE!

Du hast dich mit diesem Buch für deine mentale Gesundheit entschieden. Herzlichen Glückwunsch! Du wünschst dir ein glückliches Leben und dafür ist deine mentale Gesundheit die Voraussetzung. Diese Entscheidung wird Veränderungen mit sich bringen. Klar gibt es immer Gründe, im Trott zu bleiben und nichts zu ändern. Der Alltag ist oft eine vermeintliche Komfortzone, in der wir bleiben möchten. Aber frage dich an dieser Stelle: **Wenn du unglücklich und erschöpft bist, ist es dann wirklich deine Komfortzone?**

Deshalb: Jetzt ist deine Self-Care-Zeit gekommen! Hab Mut, pack es an und sei stolz auf dich, wenn etwas funktioniert! Feiere jede Zwischenetappe und feiere vor allem dich. Denn mit mehr Energie gewinnst du ein neues Bewusstsein und Leichtigkeit im Alltag – denn du bist wunderbar.

SUPERWOMEN UNTER LEISTUNGSDRUCK

46%
Fast jede zweite Frau hat ständig ein schlechtes Gewissen, der Familie, dem Partner und Freunde gerecht zu werden.

68%
Mehr als zwei Drittel geben an immer 120 Prozent zu geben.

72%
wollen stets alles perfekt machen.

FAMILIENMANAGEMENT

51%
Jede zweite der befragten Mamas übernimmt die Dinge lieber selbst, bevor sie sich mit dem Partner darüber auseinandersetzt.

32%
der Mamas fühlen sich im Alltag trotz Partner als alleinerziehend.

69%
Zwei Drittel sehen sich dazu gezwungen, sowohl Vater- als auch Mutterrolle zu übernehmen.

SELF-CARE

46%
Der Frauen sagen, dass von ihren alltäglichen Bedürfnissen nichts mehr übrig bleibt.

4%
Der Mamas können in den eigenen vier Wänden beim Nichtstun zur Ruhe kommen.

86%
Wissen, dass wenn sie etwas für sich tun würden, das ihnen, und ihrer Familie zugutekommen würde. Wunsch und Realität stimmen hier nicht überein.

NUR KNAPP JEDE 5. MAMA
kommt im Alltag und ihrer Familie zur Ruhe, während nur eine von zehn Frauen sagt, sich zu Hause entspannen zu können.

Rund 1.000 Mamas wurden zu ihrer Lebenssituation als berufstätige Frau in Deutschland befragt. Link zur Quelle auf Seite 158.

Symboliken

KINDER MITEINBEZIEHEN
Diese Tipps kannst du alleine oder mit deinen Kindern bzw. deiner Familie durchführen.

BENÖTIGT ALLIANZ / ABLENKUNG FÜR DIE KINDER
Hier benötigst du allenfalls eine Allianz oder eine kurze Ablenkung für die Kinder. Nutze dafür z. B. die Tipps aus «Für die gute Laune meiner Kinder».

BENÖTIGT VORBEREITUNG
Sei es ein Einkauf oder die Vorbereitung einer Zutat. Danach geht es ganz fix.

Wenn nichts angegeben wird, benötigst du nichts Weiteres und kannst gleich loslegen.

WISSENSWERTES
Hier gibt es Hintergrundinformationen, die mit keiner Übung verbunden sind.

Was trifft zu?

- ☐ ZU WENIG SCHLAF
- ☐ Ständiges Grübeln
- ☐ KEINE ERHOLUNG
- ☐ ZU WENIG BEWEGUNG
- ☐ Fehlende Sinnhaftigkeit
- ☐ SELBSTZWEIFEL
- ☐ UNGESUNDE ERNÄHRUNG

MEHR ALS DIE HÄLFTE?

Gönne dir gleich die erste Wohltat.

SOS Mama

NOCH SCHNELLER
BEI DEINEN TIPPS

Tipps

IN 5 MINUTEN WIEDER GELASSEN

Schnell

Sofortmassnahme gegen Stress

Fäuste ballen 25
Miniurlaub 27
Für zwischendurch 30
Plötzliche Angst & Panik 31
Stell dir vor… 34
Fantasiereise 35

Gedankenkarussell abstellen

Endlich einschlafen 38
Die Schatztruhe 39
Hänge deine Grübeleien an den Haken 41
Interpretation oder nicht? 43

Für die gute Laune meiner Kids

Huckepack 51
Familienbombe 52
Helikopter 53
Hahnenkampf 54
Schweigeminute 55
Time-Out 56
Hände an die Wand 57

FÜR MEINE GUTE LAUNE

3 Kichererbsen für mich 45
Trigger-Gummiband 46
Handschmeichler 47
Playlist 48
Die Grimasse 49

finden

KUNTERBUNT

Lachyoga 59
Das Kissen 60
Wie der Blitz! 61
Aktiviere deine Sinne 63

KAPITEL

SOFORTMASS-NAHME gegen Stress*

*Mehr zum Thema Stress und wie er entsteht auf Seite 68.

TIPP 1

Fäuste ballen

Balle deine Fäuste so fest wie möglich. Atme hierbei ein und zähle langsam im Kopf: 26 – 27 – 28 – 29. Jetzt öffne deine Fäuste und atme tief aus. Wenn du magst, kannst du beim Ausatmen auch seufzen – das ist aber eher nur in den eigenen vier Wänden zu empfehlen. Die stille Variante kannst du hingegen in jeder Situation anwenden. Wiederhole das An- und Entspannen dreimal. Versuche dabei, sowohl beim Ein- als auch beim Ausatmen tiefer in deiner Atmung zu werden. Wenn sich deine Bauchdecke leicht bewegt, bist du bei der tiefen Bauchatmung angekommen. Diese hilft dir zusätzlich, innerlich wieder zur Ruhe zu kommen. Manche finden es außerdem angenehmer, nicht die reine Faust zu ballen, sondern stattdessen einen sogenannten Knautsch- oder Antistressball fest zusammenzudrücken.

ZUBEHÖR

Deine Hände und evtl. ein Knautsch- oder Antistressball.

MEHR WISSEN

EXTRA-FAMILIEN-TIPP

Das «Entladen» über die Hände wirkt auch bei Kindern Wunder. Wenn deine Kinder gerade aus dem Gleichgewicht geraten und eure Tage von Wutanfällen geprägt sind, wirkt z. B. simples Kneten Wunder. Gib ihnen unbedingt die festere Knete, bei der sie richtig fest drücken müssen. Auch Arbeiten mit **Salzteig*** oder **Ton** oder das Durchkneten eines **Hefeteigs** wirken als perfekte Blitzableiter in herausfordernden Phasen. So entspannt ihr euch beide, macht etwas gemeinsam und der Stress lässt nach.

Eine echte Win-win-Situation – oder sogar Win-win-win, wenn ihr am Ende etwas Leckeres gebacken habt.

*Rezept siehe Seite 159.

☐ AUSPROBIERT

Mehr zu: Fäuste ballen

Vielleicht hast du schon einmal bei dir bemerkt, wie du bei Stress oder Wut instinktiv die Fäuste ballst. Wusstest du, dass wir im Gegenzug über die Entspannung unserer Hände viel Stress loswerden? Daher wirkt dieser simple Trick des bewussten Anspannens der Fäuste schnell und reguliert den Blutdruck nach wenigen Minuten.

Die Technik des bewussten An- und Entspannens stammt vom US-amerikanischen Mediziner Edmund Jacobson. Im Jahr 1930 entwickelte er die Methode der progressiven Muskelentspannung. Jacobsen hatte festgestellt, dass wir unter Stress unseren Körper anspannen. Wenn wir Muskeln nun bewusst und übertrieben anspannen und im Anschluss locker lassen, fällt der Stress Stück für Stück von uns ab. In der langen Version wird hierbei von oben nach unten der gesamte Körper bewusst an- und schließlich entspannt. Weil dafür im Alltag selten Zeit ist und das Anspannen der Fäuste am effektivsten gegen Stress wirkt, beschränkst du dich darauf. Außerdem kannst du diese Übung so jederzeit und überall unauffällig in deinem Alltag anwenden.

WAS PASSIERT IN DEINEM KÖRPER?

Durch das Ballen spannst du deine Fäuste und deine Arme an. Du lenkst deine Konzentration auf deine Fäuste und darauf, sie anzuspannen. Oft hältst du dabei instinktiv den Atem an. Am effektivsten ist die Übung, wenn du beim Entspannen bewusst ausatmest.

ANTISTRESSBALL DIY

TIPP 2

Miniurlaub

#MEDITATION

ANLEITUNG

Wenn du merkst, dass du deinen Fokus verlierst, verordnest du dir selbst eine Auszeit von fünf Minuten, und zwar ohne schlechtes Gewissen. Du lässt in dieser Zeit alles liegen und rührst keinen Finger. Setz dich hin und vergiss all deine To-do-Listen. Hol tief Luft und konzentriere dich auf deinen Atem. Was nimmst du jetzt wahr? Hörst du etwas? Riechst du etwas? Sitzt du bequem oder musst du etwas ändern, damit du es gemütlich hast?

Grundsätzlich ist es gut, wenn deine Kinder ein Zeichen haben, damit sie deine Pause nicht mit Fragen unterbrechen. Habt ihr vielleicht eine kleine Sanduhr zum Zähneputzen? Erkläre ihnen, dass es bei dieser Pause um dein inneres Gleichgewicht geht. So sehen die Kinder, wann du wieder ansprechbar bist, und lernen praktisch etwas über Self Care. Da kannst ihnen auch etwas spezielles zum spielen geben, was sie nur in diesen Situationen bekommen. Falls du deine Meditation mit Musik untermalen möchtest, schau z. B. mal bei YouTube nach (siehe QR-Code).

ZUBEHÖR

Optional eine Sanduhr und/oder Musik.

MEHR WISSEN

SANDUHR KAUFEN (AMAZON)*

5-MINUTEN MUSIK ZUM MEDITIEREN

EXTRA-FAMILIEN-TIPP

Die eigene Aufregung im Körper zu spüren, ist nicht nur für dich hilfreich. Allen Familienmitgliedern kann es so gelingen, frühzeitig schwierige Situationen aus dem Weg räumen. Du kannst z. B. mit deinen Kindern eine Skala basteln, auf der sie mit einer Büroklammer zeigen können, wie aufgeregt und angespannt sie gerade sind.

☐ AUSPROBIERT

Mehr zu: Miniurlaub

Das ist eine kleine Alltagsmeditation, die dich zurück in einen Kontakt zu dir führt. Unsere Antennen als Mama sind oft so sehr nach außen gerichtet, dass wir gar nicht mehr nach innen horchen. Wir sind so wenig mit uns verbunden, dass wir wichtige Signale unseres Körpers nicht mehr spüren. Wenn du dich und deine Bedürfnisse aber nicht spürst, kannst du dich auch nicht um dich kümmern. Deswegen ist es entscheidend, dass du immer wieder bewusst innehältst und auf dich guckst: Wie geht es dir? Bist du im Gleichgewicht?

Anzeichen, dass du einen Miniurlaub brauchst, sind so individuell, wie es jede von uns ist. Du fühlst dich müde und erschöpft. Vielleicht fällt es dir schwer, dich zu konzentrieren, oder du rennst als Road Runner durch deinen Alltag. Dabei unterlaufen dir immer mehr Fehler und die Unzufriedenheit wächst. Je nötiger du den Miniurlaub hast, desto absurder mag dir dieser Gedanke am Anfang vorkommen. Es erscheint dir unmöglich, dass du zur Ruhe kommst und nichts machst. Schließlich erledigen sich die Aufgaben nicht von allein und der Berg scheint in der Zeit nur weiterzuwachsen.

Ich kann dich mit diesem Gefühl so gut verstehen! Mich hat der Tipp «Schlaf, wenn das Baby schläft» in der Anfangszeit als Mutter sehr geärgert, und der Miniurlaub-Tipp scheint auf den ersten Blick in diese Richtung zu gehen. Es ist jedoch so: Wissenschaftliche Untersuchungen zum Multitasking zeigen, dass die Effizienz beim Arbeiten abnimmt, wenn du mehr als eine Sache gleichzeitig machst. Das liegt daran, dass dein Hirn in Wahrheit permanent hin und her schaltet, weil es nicht zwei Dinge gleichzeitig bearbeiten kann – auch wenn es so wirkt.

Die Hirnfunktion ändert sich leider nicht grundlegend, wenn die Kinder kommen, aber du bist nun permanent im Multitasking-Modus. Du hast die Aufgaben des Tages im Blick, schaust auf die Bedürfnisse des Kindes, scannst den Raum nach Chaos oder Unfallquellen (wie dem Glas an der Kante) und parallel hast du vielleicht noch etwas aus deinem Arbeitsalltag im Hinterkopf.

Ein Miniurlaub hilft dir, deinen inneren Fokus wiederzufinden. Anstatt alle Dinge parallel im Kopf zu haben, fällt es dir wieder leichter, Aufgaben nach Priorität abzuarbeiten.

TIPP 3

Für zwischendurch

#MEDITATION #ATEMÜBUNG

Bei jeder Art von Stress reagiert dein Körper immer gleich. Er schaltet eine Art Krisenmodus ein und reagiert eher emotional. Der Körper sendet Botenstoffe aus, die unter anderem deine Atemfrequenz und die Spannung deiner Skelettmuskulatur erhöhen. Deine Atmung wird nicht nur schneller, sondern auch flacher. Mit Atemübungen wie der 4-7-8-Technik wirkst du diesem Kreislauf entgegen.

ANLEITUNG

Sobald du spürst, dass deine Atmung schneller wird, presse deine Zungenspitze leicht an den Gaumen, hinter die oberen Schneidezähne. Dort bleibt die Zunge. Atme einmal hörbar durch den Mund aus und schließe ihn dann. Jetzt atmest du durch die Nase ein und zählst in deinem Kopf bis 4. Halte die Luft an und zähle bis 7. Am Schluss presst du deine Lippen zusammen und atmest durch sie hindurch aus, während du bis 8 zählst. Hierbei kannst du ein Geräusch machen, musst du aber nicht. Wiederhole diese Übung bis zu viermal. Einige Mamas schwören auf diese Methode, um besser einzuschlafen.

ZUBEHÖR

Etwas Ruhe.

☐ **AUSPROBIERT**

TIPP 4

Plötzliche Angst und Panik

#KLOPFÜBUNG

Angst ist ein wichtiges Grundgefühl. Die Fähigkeit zur Alarmbereitschaft kann uns in brenzligen Situationen retten. Auslöser für Angst können erwartete Bedrohungen für unsere körperliche Unversehrtheit, unsere Selbstachtung oder das Selbstbild sein. Angst kann uns plötzlich überfallen. Diese plötzliche Angst bringt Schweißausbrüche und das Gefühl der Panik mit sich. Als Panikattacke wird heute das bezeichnet, was früher als Hysterie verschrien war.

In der chinesischen Medizin ist der Lungenmeridian der Akupunkturpunkt für Angst und Panik. Über gezielten Druck an dieser Stelle lenkst du deine Energie, und die Panik verfliegt.

ANLEITUNG

Der Punkt liegt zwischen Schlüsselbein und Schulter. Taste dort etwas, bis du einen Punkt findest, der empfindlich auf Druck reagiert. Diese Übung kannst du im Sitzen, Liegen, Stehen, draußen, drinnen und überall machen. Sobald du den Punkt einmal gefunden hast, wird es dir immer besser gelingen. Du kannst entweder auf den Punkt klopfen oder ihn reiben. Probiere aus, was für dich angenehmer ist und effektiver wirkt. Sobald du dich mit diesem Punkt beschäftigst, sinkt deine Angst.

ZUBEHÖR

Nichts.

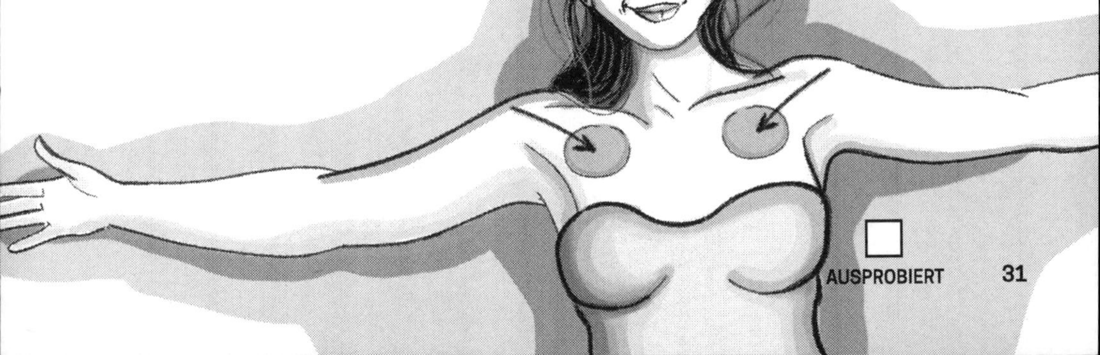

☐ AUSPROBIERT

Mehr zu: Plötzliche Angst und Panik

WIE WIRKT ANGST IN DIR?

Wusstest du, dass anhaltender Stress Angst erzeugt? In deinem Körper laufen bei Stress und Angst ähnliche Muster ab. Stehst du dauerhaft unter einer zu hohen Belastung, ohne dass du dich zwischendrin entspannst, kann Stress zu heftigen Angstreaktionen führen. Du bist permanent angespannt und entwickelst Ängste vor vielen Situationen.

WAS KANNST DU TUN?

Um langfristig aus diesem Muster auszubrechen, sind Entspannungsmomente in deinem Alltag wichtig. Dabei ist entscheidend, dass du kleine Rituale in deinen Alltag einbaust, die dir Entspannung und neue Kraft geben. In besonders herausfordernden Zeiten wird es trotzdem zu Überforderung und dementsprechend zum sogenannten Angststress kommen. In diesen akuten Phasen hilft dir diese Übung, dich zu «erden», bevor es ganz schlimm wird.

«DIE SCHWIERIGSTE Zeit IN DEINEM LEBEN ist die BESTE Gelegenheit, INNERE Stärke ZU ENTWICKELN.»

TIPP 5

Stell dir vor...

#MANTRAS #AUTOGENESTRAINING #AUTOGENESTRAININGLERNEN #AUTOGENESTRAININGFÜRKINDER

Beim Autogenen Training werden Sätze gezielt eingesetzt, um den Körper zu beruhigen. So lassen sich Herzschlag und Atmung positiv beeinflussen und verlangsamen. Es arbeitet ähnlich wie eine Meditation – setzt jedoch gewöhnlich einen Fokus. Autogenes Training folgt drei Prinzipien: Ruhe, Schwere und Wärme.

Du kannst für dich beispielsweise zusätzlich einen Satz wie «Ich bin ganz ruhig.», «Ich lasse meinen Stress los.» wählen.

ANLEITUNG

Lege dich 5 Minuten ganz entspannt hin und schließe deine Augen. Wenn dir das Entspannen schwerfällt, atme mit deinem Seufzen dreimal tief aus. Geh mit deinem Gefühl in deinen Körper. Beginne an deinem Kopf und spüre hier, wie dieser ruhig, schwer und warm wird. Wandere mit deiner Wahrnehmung langsam deinen Körper hinunter und spüre bei den einzelnen Körperteilen, wie sie ruhig, schwer und warm werden. Sage dir in deinem Kopf immer am Ende deinen Satz.

ZUBEHÖR

Bis auf einen ruhigen Ort brauchst du hierfür nichts.

EXTRA-TIPP

Nimm hier das Training bei der Methode wörtlich: Umso mehr du es praktizierst, desto mehr gewinnst du durch diese Technik. Du kannst sie dann schneller und auch mitten im Alltag anwenden.

☐ **AUSPROBIERT**

TIPP 6

Fantasiereise

#AUTOGENESTRAINING #MEDITATION

ANLEITUNG

Du kannst dich bei einer Fantasiereise hinlegen oder bequem hinsetzen. Kleiner Tipp: Wenn du sehr müde bist, leg dich lieber nicht hin.

Schließe deine Augen. Atme einige Atemzüge tief ein und aus. Achte darauf, dass der Atem hinunter in deinen Bauch geht und du die Luft ganz ausatmest. Denke an einen großen Wasserfall. Jetzt stellst du dir all deine Gedanken und Sorgen vor und färbst sie in einer für dich passenden Farbe ein. Aus deinem Kopf strömen sie als Farbfluss in deine Arme. Du streckst deine Hände aus in den Wasserfall. Lass deine Gedanken und Sorgen in das Wasser strömen. Sieh zu, wie sich die Farben vermischen. Das Wasser nimmt all deine Gedanken und Sorgen auf und trägt sie davon.

ZUBEHÖR

Ein bequemer Platz und ein ungestörter Moment.

5-MINUTEN MUSIK ZUM MEDITIEREN

WEITERE FANTASIEREISEN

FANTASIEREISE FÜR KINDER

EXTRA-FAMILIEN-TIPP

Auch mit Kindern im Kindergartenalter kannst du Fantasiereisen machen. Gerade wenn dein Kind oder deine Kinder am Abend schlecht zur Ruhe kommen, kann eine Fantasiereise als Einschlafritual Abhilfe schaffen.

Du kannst mit deinen Kindern zum Wasserfall reisen und dort auch ihre Gedanken und Sorgen mit dem Wasser wegströmen lassen. Oder ihr reist in die Wolken und lasst euch mit ihnen im Wind davontreiben. Wenn dir schnell Geschichten einfallen, kannst du dein Kind fragen, wo ihr in eurer Fantasiereise sein sollt, und daraus spontan eine Geschichte bauen.

☐ AUSPROBIERT

KAPITEL

GEDANKEN-KARUSSELL abstellen

AUCH «MENTAL LOAD» GENANNT

WAS IST EIN GEDANKENKARUSSELL?
Permanente Gedanken führen auch zu Stress. Beim sogenannten Gedankenkarussell kommt negativ hinzu, dass die Gedanken nicht konstruktiv sind. Grübeln gilt unter Psychologen allgemein als eine negative Form des Nachdenkens. Du verlierst dich in einer Denkschleife, die von unangenehmen Emotionen begleitet wird. Dabei bewertest du deine Situation oft schlechter, als sie ist, und auch deine Selbsteinschätzung ist negativ gefärbt. Außerdem hält dich Grübeln in der Passivität. Diese Ohnmacht weckt weitere Gefühle in dir, z. B. Traurigkeit oder Wut.

WORAN ERKENNST DU GRÜBELN SOFORT?
Du stellst dir beim Grübeln die klassischen Warum-Fragen: Warum passiert mir das? Warum hilft mir keiner? Warum fühle ich mich so? Warum bekommen das andere besser hin? Auf all diese Fragen gibt es keine Antwort. Aus dem Grund führen sie dich zu immer mehr Fragen und negativen Gefühlen. Der einzige Ausweg ist: Aussteigen und das Grübeln abstellen. Mit diesen Tipps gelingt dir das.

« ZU VIEL nachdenken IST WIE SCHAUKELN. man ist zwar BESCHÄFTIGT, ABER MAN KOMMT kein Stück WEITER! »

Unbekannt

TIPP 7

Endlich einschlafen

Schlaf ist wichtig – spätestens in der Baby- oder der ersten Zahnphase spüren wir Eltern das. Oft sind aber die Tage so voll, dass unser Geist am Abend nicht in den Schlaf findet. Während wir uns ständig umdrehen, scheinen immer mehr Gedanken in unserem Kopf auf uns zu lauern. Meistens kämpfen wir gegen sie an und versuchen, sie zu stoppen. Aber dadurch vermehren sie sich oft und halten uns weiter vom Schlaf ab.

Um die Gedanken aufzuhalten, solltest du sie rauslassen. Indem du sie aufschreibst, lässt du sie los. Du musst sie nicht mehr im Kopf bewegen, denn du hast sie aufgeschrieben – oft lässt sich unser Geist damit überlisten.

ANLEITUNG

Sobald du merkst, dass dein Kopf viel zu voll zum Schlafen ist, stehst du auf. Nimm ein Blatt Papier und einen Stift. Schreib dir ohne Wertung alles auf, was dir im Kopf herumschwirrt. Sobald du es aufgeschrieben hast, musst du nicht mehr aktiv daran denken. Wenn du magst, kannst du hierfür ein schönes Notizheft kaufen und es neben dein Bett legen. Ebenso kannst du die Notizen in dein Handy schreiben, wenn dir das leichter fällt, aber vergiss nicht den Blaufilter einzustellen*. Am besten du hängst dann eine Fantasiereise (Seite 35) an, um auf andere Gedanken zu kommen.

ZUBEHÖR

Papier und Stift oder dein Handy.

EXTRA-TIPP

*Erst bei wenig blauem Licht produzieren wir das Schlafhormon Melatonin, das uns müde macht. Die Zirbeldrüse schüttet es erst aus wenn es dunkel ist.

☐ AUSPROBIERT

TIPP 8

Die Schatztruhe

ANLEITUNG

Stell dir deine Schatztruhe vor. Wie sieht sie aus? Welche Farbe hat sie und wie groß ist sie? Jedes Mal, wenn du etwas für die Truhe hast, z. B. ein Problem oder eine Aufgabe von deiner To-do-Liste, schreibst du es auf einen Notizzettel und stellst dir deine Schatztruhe vor. Du kannst dir aber auch eine reale Truhe basteln.

Quält dich gerade ein Problem?
Setz dich hin und geh in eine Art Zwiegespräch mit dem «Problem». Frag es: Woher kommst du? Was möchtest du mir sagen? Was weckst du in mir? Wie intensiv bist du? Wirst du nächste Woche noch da sein? Problemen, die nächste Woche nicht mehr da sein werden, sagst du: «Zieh weiter.» Die anderen legst du in deine Schatztruhe und behebst sie der Priorität nach.

Wächst deine To-do-Liste?
Das gleiche Vorgehen kannst du z. B. auch mit To-do-Listen machen. Schreibe deine Aufgaben z. B. erst auf und lies sie danach kritisch durch. Überlege dir dabei, welche davon Priorität haben und zeitnah erledigt werden können. Die anderen legst du in deine Schatztruhe. Entweder erübrigen sie sich von allein oder du gehst sie zu einem späteren Zeitpunkt an. Im Anschluss entsorgst du deine erledigten Aufgaben mental und physisch, indem du die Zettel wegwirfst.

ZUBEHÖR

Notizzettel, Stift und Papier und ggf. eine Truhe.

SCHATZTRUHE BASTELN

ZUM AUSSCHNEIDEN

☐ AUSPROBIERT

Mehr zu: Die Schatztruhe

Der Trick mit der Schatztruhe funktioniert als mentales Bild ebenso wie mit einer realen, z. B. selbst gebastelten Truhe. Wichtig ist, dass du deine Probleme oder To-do-Listen von deinem Kopf auf mehrere Zettel überträgst. Die Gedanken lassen sich viel leichter ordnen, wenn sie schriftlich festgehalten werden. Probiere außerdem aus, was für dich am besten funktioniert: Reicht dir die Vorstellung oder ist eine reale Truhe sinnvoll? Der Vorteil einer realen Schatztruhe ist, dass du sie mit deinen Kindern besonders schmücken und bemalen kannst. Ausserdem darfst du deine Aufgaben mental vergessen, da du sie ja in der realen Schatztruhe, griffbereit hast.

Die To-do-Liste wächst bei vielen Mamas jeden Tag – wie lang ist deine aktuell? Dabei fügen wir nicht nur selbst immer mehr Punkte hinzu, sondern lassen uns auch von anderen To-dos auf unsere Liste «schreiben». Wie beim Frühjahresputz ist es wichtig, diese Liste regelmäßig zu entrümpeln. Oft tummeln sich hier viele unwichtige Aufgaben und erschweren dir den Überblick. Gleichzeitig sorgen sie dafür, dass du dich immer beschäftigter fühlst, weil es so viele Punkte sind. Dann ist es Zeit, die Aufgaben auszulagern und ihnen die Macht über deine Gedanken zu nehmen. Das Gleiche gilt bei Problemen.

EXTRA–FAMILIEN–TIPP

Je nach Alter deiner Kinder kann es sinnvoll sein, dass sie ihre eigene Schatztruhe bekommen, in die sie ihre Gedanken sortieren können. Frag sie, ob sie Interesse daran haben. Wenn ja, bastelt eure Truhen gemeinsam und übt auch zusammen.

EXTRA–TIPP

To-dos Abgeben

Achte bei deiner To-Do-Liste auch darauf, ob du wirklich alles erledigen musst. Was sind Aufgaben, die du abgeben kannst? – Auf deiner To-Do-Liste tummeln sich schnell Aufgaben, die gut eine andere Person erledigen kann. Aktiviere dein Hilfsnetzwerk – keine Mama überlebt ohne ihr wichtiges Netzwerk. Es ist für dich wichtig, Hilfen anzunehmen und auch einzufordern. Denk nicht immer nur, was kann ich erledigen. Erlaube dir auch den Gedanken: Wer aus meinem Netzwerk könnte das ohne viel Aufwand übernehmen? Wer kann dir was abnehmen? Überleg konkret und gib Aufgaben ab.

TIPP 9

Hänge deine Grübeleien an den Haken

KONDITIONIERTES SIGNAL

ANLEITUNG

Du platzierst irgendwo in deinem Zuhause einen Haken. Ideal ist ein Ort wie der Flur, wo der Haken dir nicht permanent ins Auge fällt. Suche dir einen Gegenstand wie eine Jacke, ein Handtuch oder etwas, was du immer bei dir trägst. Dieser Gegenstand steht symbolisch für deine Grübeleien. Jeden Abend hängst du ihn an den Haken. Am Tag nimmst du ihn entweder wieder an dich oder legst ihn ordentlich ab.

ZUBEHÖR

Ein freier oder extra hierfür angebrachter Haken.

EXTRA-FAMILIEN-TIPP

Manche Kinder neigen auch zum Grübeln. Wenn deine Kinder älter werden und du bei ihnen merkst, dass sie sich regelmäßig in einem Gedankenkarussell festfahren, kannst du mit ihnen diese Übung anwenden. Um es etwas kindgerechter zu gestalten, könnt ihr einen schlichten Beutel nehmen oder selbst einen nähen. In diesen Beutel werden die einzelnen Sorgen gelegt. Dafür könnt ihr Murmeln nutzen. Diese stehen für die Sorgen oder Gedanken deines Kindes und werden von seinem Kopf in den Beutel übertragen. Schließlich hängt ihr den Beutel mit den Grübeleien an den Haken.

☐ AUSPROBIERT

Mehr zu: Hänge deine Grübeleien an den Haken

Diese Übung arbeitet mit einem mentalen Bild. Mentale Bilder wirken stark in uns. Allerdings sind sie oft unbewusst, weil wir diese Kraft selten gewollt nutzen. Das kannst du jedoch lernen und die Kraft positiv für dich einsetzen.

Wir verknüpfen Emotionen und Bilder miteinander oder stellen uns etwas in unserem Geist vor, und das geschieht in unserem Inneren. Wenn du spürst, dass deine Gedanken sich immer wieder in den Vordergrund drängen, nimmst du sie und hängst sie in deinem Geist an einen Haken. Um die Wirkung zu verstärken, kannst du einen realen Haken als Symbol nutzen. Gerade wenn du noch nie zuvor mit mentalen Bildern gearbeitet hast, ist das hilfreich.

TIPP 10

Interpretation oder nicht?

#MINDSET

Unsere Gedanken können uns manchmal etwas vorgaukeln, was gar nicht so ist. Wir sind so fest überzeugt, dass uns jemand dumm fand oder uns kritisiert, dass alles von uns so interpretiert wird. Oder wir meinen ganz sicher, dass wir etwas nicht können, und blockieren uns damit.

Mach regelmäßig einen Realitätscheck bei deinen Gedanken. Wenn du eine Sache in deinem Kopf hin und her wälzt, frage dich: **Gibt es da ein Problem? Ist das Problem so groß? Oder interpretiere ich etwas in die Situation?**

ANLEITUNG

Setze oder lege dich ruhig hin. Konzentriere dich einen Moment auf deine Atmung. Leg deine Hände auf deinen Bauch und atme tief ein und aus. Geh im Kopf in die Situation, die dich beschäftigt. Frage dich:

> Was sind die Fakten?
> Was sind Interpretationen?
> Wie habe ich mich vielleicht schon vor der Situation gefühlt?

Diese Übung kann mit der Zeit auch beiläufig durchgeführt werden.

ZUBEHÖR
Ein bequemer Platz und ein ruhiger Moment.

EXTRA-TIPP

Selbstwahrnehmungscheck
Wenn du sehr unsicher bist, kann es dir bei dieser Übung helfen, wenn du Situationen mit Freunden besprichst. So überprüfst du deine Selbstwahrnehmung oder deine Wahrnehmung des Verhaltens einer anderen Person dir gegenüber. Gerade wenn dein Selbstwert sehr niedrig und du sehr unsicher bist, stärkt dich der Blick von Menschen, die dir positiv gegenüberstehen. So kannst du langsam den negativen Blick auf dich ersetzen.

☐ AUSPROBIERT

KAPITEL

FÜR MEINE gute Laune

WARUM IST LACHEN WICHTIG?

Während Kinder rund 400-mal am Tag lachen, lächelt der durchschnittliche Erwachsene gerade 15-mal am Tag. Würde das reine Lachen bei den Erwachsenen zählen, sähe die Statistik vermutlich noch trauriger aus. Dabei entspannt Lachen die Arterien und bringt den Blutdruck zum Sinken. Wer oft lacht, trainiert also sein Herz-Kreislauf-System. Wenn das kein Grund für richtig gute Laune ist!

ABER WAS HINDERT ERWACHSENE SO OFT DARAN, GUTE LAUNE ZU HABEN?

Bei Mamas ist es oft die Last des Alltags, die den Blick auf die schönen Details verhindert. Mit diesen Übungen entwickelst du wieder einen Blick für die positiven Dinge in deinem Alltag, und mit diesem Blick kommt auch die gute Laune wieder.

TIPP 11

3 Kichererbsen für mich

#POSITIVEAFFIRMATIONEN

Studien zeigen, dass Dankbarkeit z. B. bei Stress, Depressionen, Ängsten und Schlafstörungen hilft. Aber muss dafür nicht erst das Leben auch entsprechend sein? Forscher sagen: Nein. Dankbarkeit ist eine Haltung, für die du dich bewusst entscheidest. Oder eben auch nicht. Dankbare Menschen haben keineswegs das einfachste Leben, aber sie empfinden Dankbarkeit für die schönen Dinge darin. Diese Denkweise lässt sich üben und wirkt sich rasch positiv auf dein Leben aus. Damit ist aber nicht gemeint, übertrieben fröhlich zu sein oder in allem das Positive zu sehen.

ANLEITUNG

DU BIST MIT DEM FALSCHEN BEIN AUFGESTANDEN?
Setz dich noch mal kurz auf dein Bett und bedanke dich für eine Kleinigkeit. Du aktivierst so dein parasympathisches Nervensystem. Dieses steuert deine Entspannung und hilft dir, den Tag entspannter anzugehen.

AUF DEN TAG VERTEILT
Lege jeden Tag drei getrocknete Kichererbsen in deine linke Hosentasche. Immer wenn du im Laufe des Tages etwas gut gemacht hast, wandert eine Kichererbse aus der linken in die rechte Hosentasche. Während du das tust, denkst du bewusst an das, was du geschafft hast. Vielleicht hast du dich bei einer Angst überwunden oder bist in einer schwierigen Situation ruhig geblieben. Möglicherweise hast du dich zum Sport aufgerafft, obwohl du eigentlich müde warst. Am Ende des Tages sollten alle Kichererbsen in der rechten Hosentasche sein. Es können auch Murmeln, Muscheln oder andere kleine Gegenstände sein. Mit der Zeit reicht es einfach an eine Kichererbse zu denken und dankbar zu sein.

ZUBEHÖR
Kichererbsen, Murmeln oder Muscheln.

☐ AUSPROBIERT

TIPP 12

Trigger-Gummiband

KONDITIONIERTES SIGNAL

Oftmals wird die Bezeichnung «Trigger» für eine Trauma-Aktivierung verwendet. Auf gut Deutsch bezeichnet das Wort erst einmal einen Auslöser. Wenn dich etwas triggert, aktiviert es dich, regt dich an oder löst etwas in dir aus. Trigger lassen sich gezielt nutzen, wie bei dieser Übung. Wenn dein Nervensystem großen Stress hat und alle deine Sinne überreizt sind, hilft dir die Übung, diesen Kreislauf zu durchbrechen. Das Schnappen des Gummibandes in Kombination mit einem «Mantra» entspricht der klassischen Konditionierung: Auf ein bestimmtes Signal folgt immer die gleiche Reaktion.

ANLEITUNG

Wenn du vor lauter Stress nicht mehr weißt, wo unten und oben ist: Nimm das Gummiband und lasse es leicht an deinen Arm schnappen. So kommst du ins Hier und Jetzt. Suche dir dabei deinen eigenen Code oder dein Mantra aus. Beispiele sind: «Ich bin ruhig», «Ich entspanne mich», «Ich finde Lösungen». Orientiere dich an dir und deinen Grundbedürfnissen, damit du einen besonders wirksamen Code findest. Was spricht dich an? Wonach sehnst du dich?

Damit der Trigger richtig wirkt, musst du es im Alltag üben. Übe zuerst gut 10- bis 15-mal am Tag. Setze es in den unterschiedlichsten Situationen ein, z. B. bei der Arbeit und zuhause.

ZUBEHÖR

Etwas, was sich schnappen lässt, wie ein simples Gummiband.

☐ AUSPROBIERT

TIPP 13

Handschmeichler

KONDITIONIERTES SIGNAL

Vielleicht hast du wegen der Eingewöhnung deines Kindes bereits etwas von einem Übergangsobjekt gehört. Für Kinder kann ein vertrautes Objekt wie eine Puppe, ein Kuscheltier oder ein Schnuffeltuch eine wichtige Stütze in neuen Situationen sein. Diese Übung funktioniert im Grunde ähnlich und soll dir durch den vertrauten Gegenstand Mut und Kraft schenken.

ANLEITUNG

Suche dir ein Objekt, das du immer bei dir trägst. Es sollte also weder zu groß noch zu schwer sein. Ein gutes Beispiel ist ein Stein. Taste ihn ab: Wird er warm? Wie fühlt er sich an? Ist er glatt?

In stressigen Situationen nimmst du diesen Gegenstand in die Hand. Auch hier kannst du dir eine Botschaft für dich überlegen, die dich zusätzlich beruhigt und stärkt. Du kannst diesen Gegenstand in deiner Tasche haben, so dass niemand sieht, wenn du ihn in die Hand nimmst.

ZUBEHÖR

Ein Stein oder ein anderes Objekt.

BASTELTIPP

Um deinen Stein besonders individuell zu gestalten, kannst du ihn bemalen. Das kannst du auch mit deinen Kindern gemeinsam machen – vielleicht möchten sie auch einen Mut-Stein! Wunderbare Beispiele findest du auf Instagram oder Pinterest oder Youtube.

☐ AUSPROBIERT

TIPP 14

Playlist

Das Hören von Musik aktiviert unser Belohnungssystem im Gehirn. Es schüttet Endorphine aus und das Stresshormon Cortisol wird verringert. Allerdings ist Musik stark an Erinnerungen geknüpft. So kann Liebeskummer ein Lieblingslied für uns verderben. Aber ebenso kann damit eine positive Situation verbunden sein. Welche Lieder erinnern dich an dich? An das «Du», was du jenseits all deiner Alltagsrollen bist? Welche Musik gibt dir immer ein gutes Gefühl?

ANLEITUNG

Erstelle dir eine Playlist mit Liedern, die dich an besonders schöne Situationen erinnern. Wenn du dich in einer stressigen Situation verlierst, spielst du ein oder zwei Lieder dieser Liste. Je nach deinem Wesen kannst du mitsingen und dazu tanzen. Wenn Lied und Situation passen, kannst du das auch gemeinsam mit deinen Kindern machen. Beim gemeinsamen Singen wird gleichzeitig das Bindungshormon Oxytocin ausgeschüttet.

ZUBEHÖR

Deine Playlist und ein Gerät zum Abspielen.

☐ AUSPROBIERT

TIPP 15

Die Grimasse

#MUSKELENTSPANNUNG

Hand aufs Herz: Wann hast du das letzte Mal eine Grimasse geschnitten? Weißt du es nicht mehr? Dann wird es Zeit. In unserem Gesicht befinden sich 50 von insgesamt 650 Muskeln im Körper und oftmals sind sie sehr verspannt. Fühle beispielsweise einmal mit deinen Daumen entlang deines Kiefers, ob du hier bei Druck Schmerzen spürst. Auf Dauer lassen diese Verspannungen unsere Gesichtszüge härter wirken. **Mit Grimassen entspannst du deine Gesichtsmuskeln binnen Sekunden.** Und hast nebenbei noch Spaß dabei.

ANLEITUNG

Schneide deine persönliche Lieblingsgrimasse. Lass deine Zunge weit nach draußen hängen. Rolle mit deinen Augen, so dass du erst nach oben und dann nach unten schaust. Diese Übung ist ideal, um sie mit deinen Kindern zu machen. Das federt so manchen schwierigen Start in den Tag oder in den Nachmittag in Sekundenschnelle ab. Deine Kinder lieben es, wenn du mit ihnen albern bist – zumindest bis zu dem Zeitpunkt, wo sie ernster werden und du leider nur noch peinlich bist. Aber als Kleinkinder haben sie die größte Freude an jeder gemeinsamen Albernheit.

ZUBEHÖR
Nichts.

☐ AUSPROBIERT

KAPITEL FÜR DIE GUTE Laune MEINER KIDS

Wenn du merkst, dass deine Kinder unruhig sind, kannst du ihnen mit diesen Übungen Ventile schaffen. Manchmal wirst du nicht herausfinden, worum es ihnen geht. Auch gibt es nicht immer einen konkreten Anlass für ihre innere Unruhe, außer den Mühen des Großwerdens. Gerade kleine Kinder sind in ihren Emotionen sehr auf dich angewiesen. Nimm die negativen Emotionen an und finde passende Ventile mit deinen Kindern. Bewegung und Nähe sind gerade bei Kindern im Krippen- und Kindergartenalter ein wahres Wunderwerk. Probiere diese Übungen aus, wandle sie für deine Kinder passend ab und überlege auch mit ihnen gemeinsam, worauf sie Lust haben. Vielleicht möchten sie eher laut singen und Stopptanz spielen – auch das ist ein perfektes Ventil für schlechte Laune.

TIPP 16

Huckepack

Menschenkinder sind Traglinge. Wir kommen auf die Welt und können uns nicht direkt selbstständig bewegen. Doch auch wenn kleine Menschen sich schon selbst bewegen können, wirkt sich das Tragen positiv aus. Die körperliche Nähe vermittelt Sicherheit und Geborgenheit. Gerade in Zeiten von Entwicklungsschüben oder anderen Herausforderungen kann das Tragen dich entlasten. Denn dein Kind bekommt in dieser Zeit deine körperliche Nähe, ohne dass du irgendwo «festsitzt». Mir ging es zumindest manches Mal so, dass ich das Kuscheln nicht mehr genießen konnte, weil ich meine zu erledigenden Arbeiten in Sichtweite hatte. Mit der Trage hast du die Arme frei und kannst agieren. Entspannte körperliche Nähe wirkt sich sowohl auf deine als auch auf die Psyche des Babys positiv aus. Wichtig ist dabei allerdings die richtige Technik, damit weder dein Kind noch dein Rücken unter dem Tragen leiden.

ANLEITUNG

Je nach Alter deines Kindes kannst du eine Trage oder ein Tuch für das Tragen nutzen. Wichtig ist bei einem Tuch, dass du dir die Technik des Bindens von einer Trageberaterin erklären lässt. Je nach Alter und Gewicht des Kindes sowie deiner Statur gibt es entsprechende Techniken beim Binden.

Einmal gelernt und ein paarmal geübt, wirst du all das im Alltag schnell umsetzen können. Binde dir dein quengeliges, müdes oder einfach nur schlecht gelauntes Kind auf deinen Rücken und erledige deine Sachen. Du kannst auch eine Runde mit ihm tanzen – die Laune deines Kindes wird sich schnell bessern.

ZUBEHÖR

Eine Trage oder ein Tragetuch.

☐ AUSPROBIERT

TIPP 17

Familienbombe

Vielleicht kennst du es von dir selbst: Manchmal brauchen wir eine Umarmung, können es aber nicht so gut zulassen. Führe in deiner Familie für diese Situationen die Familienbombe ein. Diese Tradition nimmt die Schärfe aus der Situation und kann auch Wunder wirken, wenn es Kritik gab. Auch wenn diese vielleicht sachlich berechtigt war – sie soll dein Kind ja nicht emotional angreifen. Mit der Familienbombe gibst du deine positiven Gefühle unmittelbar an dein Kind weiter, wodurch sich Konflikte oder schlechte Stimmung auflösen.

ANLEITUNG

Sammelt euch in der Familie und umarmt euch ganz fest, so dass eine Art Familienball entsteht. Im Anschluss zählt ihr bis drei und löst euch wieder voneinander.

ZUBEHÖR

Nichts.

TIPP

Kleiner Tipp: Die meisten Teenies finden das nicht mehr gut. Aber auch hier gilt: Die Grenzen sind individuell verschieden. Es gibt auch Kinder, die mögen das insgesamt nicht. Achte darauf, ob sich dein Kind hiermit wohlfühlt oder nicht.

☐ AUSPROBIERT

TIPP 18

Helikopter

In vielen Situationen des Alltags kann dein Kind mit einem Mal entscheiden, dass es genau jetzt diese eine Sache nicht will. Zähneputzen, sich anziehen oder ins Bett gehen – mit einem Mal geht gar nichts mehr. Es ist nichts mehr richtig und geht nur noch abwärts. Kinder in diesem Alter fahren sich im Kopf manchmal fest und kommen allein nur noch schlecht aus dieser Stimmung raus.

Vielleicht sind deine Nerven dann bereits so runter, dass du dich am liebsten wütend trommelnd neben dein Kind schmeißen würdest. Dadurch lässt sich die Situation jedoch (leider) auch nicht auflösen. Atme lieber zwei- bis dreimal tief durch und lass dein Kind wie einen Helikopter fliegen. Du unterbrichst hiermit die miese Stimmung. Die Schwingung schenkt deinem Kind ein schönes Gefühl und Freude.

ANLEITUNG

Leite das Spiel mit einem theatralischen Gesichtsausdruck oder einem festen Spruch ein, so dass dein Kind weiß, was kommt, beispielsweise: «Bereitmachen zum Abheben!» Nimm dein Kind hoch und schwinge es an den Armen im Kreis herum. Mach dann eine kurze Pause und versuche im Anschluss, den Alltag fortzusetzen.

ZUBEHÖR

Genug Platz zum Drehen.

TIPP 19

Hahnenkampf

Es gibt eine charmante Phase bei Kindern, wo es viel um «höher, weiter, schneller» geht. Je nach Charakter kann das stärker oder schwächer auftreten, aber es kommt irgendwann nach dem zweiten Geburtstag. Du kannst diese Situationen entschärfen, in denen du ihnen etwas Komisches verleihst. Gerade bei Geschwistern ist der Hahnenkampf ein echter Minenfeldentschärfer. Wenn du merkst, dass sich dein Kind ständig vergleicht und mit anderen konkurriert, rufe zum Hahnenkampf auf. Im Nu sind die Gedanken ganz woanders und die vorherige Situation wird durch den ein oder anderen Lacher schnell aufgelöst.

ANLEITUNG

Rufe «Hahnenkampf!». Auf dieses Codewort hin stellt ihr euch gegenüber voneinander auf – entweder du und dein Kind oder die Geschwister untereinander. Jetzt hebt ihr ein Bein, so dass ihr auf einem Bein steht und das andere angewinkelt in der Luft ist. Verschränkt die Arme vor der Brust und beginnt, euch sanft anzurempeln. Wer am längsten das Gleichgewicht halten kann, gewinnt.

Zusatzegel: Wer zu stark rempelt, so dass der andere umfällt, verliert automatisch. Das hilft kleinen und großen Hähnen, die eigenen Kräfte wohldosiert einzusetzen.

ZUBEHÖR

Platz zum vorsichtigen Rempeln.

☐ AUSPROBIERT

TIPP 20

Schweigeminute

Schweigen zu üben, geht bereits mit kleinen Kindern. Allerdings solltest du eine kurze Zeitspanne wie unsere fünf Minuten wählen. Gerade wenn du mehrere Kinder hast, kann dir die Schweigeminute einige Tage erleichtern. Euer Haushalt wird dadurch nicht nur kurzzeitig ruhiger und die Entspannung miteinander steigt, sondern Schweigen lässt auch das Gehirn wachsen, erhöht die Achtsamkeit und weckt unsere Kreativität. Das sind doch gute Gründe, öfter mal gemeinsam den Mund zu halten, oder?

ANLEITUNG

Dir klingeln gerade die Ohren? Dann sprichst du ein Zauberwort aus, beispielsweise «Stille Hasen» oder «Mucksmäuse». Jetzt dürfen alle für fünf Minuten nichts sagen. Ideal ist eine Sanduhr, damit deine Kinder die Zeit verrinnen sehen. Es rettet sie außerdem vor der Versuchung, dich zu fragen, wann die Zeit endlich um ist.

Ihr könnt entweder Bilder zeigen oder Zeichensprache anwenden, oder ihr müsst ganz ruhig sein – einigt euch auf eine verbindliche Regelung. Ebenso kann jedes andere Familienmitglied das Spiel mit dem Zauberwort einleiten.

ZUBEHÖR

Eine Sanduhr und je nach euren Regeln Stifte und Papier.

SANDUHR KAUFEN (AMAZON)*

☐ AUSPROBIERT

TIPP 21

Time-Out

Time-out kommt aus dem Sport und bedeutet «Auszeit». Diese nimmt sich ein Team, wenn es seine Taktik anpassen oder auf eine Verletzung reagieren muss. Es ist also eine taktische Entscheidung und keineswegs eine aus Wut oder Überforderung. Es ist auch **keine Strafe**, wie es die stille Treppe ist, sondern eine Unterbrechung der Situation. So wird bei der stillen Treppe eine Person rausgeschickt, während das Time-out für alle gilt. Es bietet dir die Möglichkeit, eine Dynamik zu unterbrechen. Allerdings musst du hierfür das perfekte Timing entwickeln: Rufst du zu spät zum Time-out, kann es schnell nicht mehr spielerisch wirken und doch zu Stress führen. Aber mit etwas Übung wirst du früh genug unterbrechen, und vieles löst sich einfach auf. Denn die Unterbrechung bietet allen Familienmitgliedern die Möglichkeit, durchzuatmen und sich neu zu sortieren.

ANLEITUNG

Überlege dir gemeinsam mit deinen Kindern ein Symbol oder ein Wort für euer Time-out. Wenn ihr gerne kreativ seid, lässt sich eine Karte oder ein Schild für das Time-out basteln. Einigt euch vorab auf feste Orte, an die jeder für sein Time-out geht. Wichtig ist hierbei, dass jeder sich seinen Platz selbst aussucht. Mit etwas Übung wird das Time-out nicht diskutiert. Nutze für den festen Zeitrahmen (fünf Minuten sind ideal) eine Eieruhr einen Wecker oder eine Sanduhr.

Das Time-out lässt sich am Ende auch mit der Familienbombe ergänzen, so dass schlechte Gefühle sich in Luft auflösen und danach ein Neustart und Kuscheln möglich sind.

ZUBEHÖR

Eine Eieruhr ein Wecker oder eine Sanduhr.

☐ AUSPROBIERT

TIPP 22

Hände an die Wand

Auch mit dieser Übung unterbrichst du spielerisch schlechte Stimmung zuhause. Gerade an Regentagen kann sich die Stimmung in einem Haushalt mit Kindern aufheizen. Es hilft, wenn du für diese Situationen einige Übungen in deinem Handwerkszeug hast, mit denen du die Stimmung verändern kannst. Eine gute Mischung aus konzentrierter Bewegung und Ruhe hilft, den Bewegungsdrang auszuleben und überschüssige Energie in sinnvolle Bahnen zu lenken.

ANLEITUNG

Überleg dir gemeinsam mit deinen Kindern ein Zauberwort für diese Übung. Das kann z. B. der Spruch «Hände an die Wand sein», aber auch ein komplett erfundenes Wort wie «Chalabaster». Markiere heimlich eine Stelle an der Wand mit einem «X» aus abnehmbarem Klebeband. Sobald das Zauberwort ertönt, müssen die Kinder die Stelle suchen und ihre Hände darauflegen.

Wechsle ab und zu den Ort, damit es spannend bleibt. Überlege dir, ob es einen Gewinner geben soll oder ob das eher für noch mehr Unruhe sorgen könnte. Diese Übung bringt die Kinder auf andere Gedanken und macht Spaß.

ZUBEHÖR

Abnehmbares Klebeband.

BASTELIDEE

Wenn du eine Übung mit deinen Kindern beim Basteln vorbereitest, identifizieren sie sich früher damit. Bei der Übung «Hände an die Wand» bietet sich der Bastelspaß an: Lass deine Kinder auf Tonkarton **Handabdrücke aus Fingerfarbe** machen und hänge die Bilder auf Augenhöhe der Kinder an verschiedenen Orten auf.

☐ AUSPROBIERT

KAPITEL

KUNTER Bunt

Hier findest du eine kunterbunte Mischung aus unterschiedlichen Tipps rund um gute Laune und deinen Umgang mit Emotionen. Denn oft genug haben erwachsene Menschen keine geeigneten Ventile für ihre Gefühle entwickelt. Viele schieben ihre Emotionen beiseite oder schlucken sie permanent runter. Achte mal bewusst darauf, wie es bei dir ist: Wie gehst du mit Gefühlen um? Gibt es Gefühle, die du gerne zeigst? Und gibt es andere Gefühle, für die du dich schämst und die du am liebsten gar nicht hättest? Unsere Emotionen sind kunterbunt und jede Emotion hat ihre Berechtigung, denn nur zusammen können sie strahlen. Wenn du dir keine Traurigkeit zugestehst, nimmst du dir langfristig auch die Freude. Wenn du nach und nach all deine Emotionen dämpfst, lebst du ein ganz anderes Leben als mit der vollen Bandbreite deiner Gefühle.

TIPP 23

Lachyoga

Wenn du lachst, werden in deinem Körper rund 200 Muskeln aktiviert, unter anderem der Beckenboden und die Bauchmuskeln. Außerdem setzt dein Körper Glückshormone wie Serotonin oder Endorphin frei. **Regelmäßiges Lachen macht gute Laune und stärkt dein Immunsystem.** Bereits eine Minute Lachen soll sich ähnlich positiv auf deine Gesundheit auswirken wie 10 Minuten Joggen oder 45 Minuten Meditation. Da Zeit in deinem Alltag als Mama vermutlich knapp ist, ist Lachen für dich die beste Lösung bei fast allen Problemen.

Lachyoga beginnt mit einem künstlichen Lachen, das allmählich zu einem echten Lachen wird. Probiere es doch einfach mal aus!

ANLEITUNG

Stell dich gerade hin und klatsche. Sprich dabei die Silben «Ho-ho-ho» und «Ha-ha-ha».

Ein prima Tipp für die eigene Laune ist auch, jedes Mal zu lächeln, wenn du dein Gesicht im Spiegel siehst. Lächle dir zu und verscheuche damit deinen kritischen Blick auf dich.

ZUBEHÖR

Kein Zubehör notwendig.

☐ AUSPROBIERT

TIPP 24

Das Kissen

EMOTIONEN KANALISIEREN

Vielleicht kennst du das Gefühl, wenn dir deine Gefühle bis oben stehen. Oft bleibt im Alltag wenig Raum für die eigenen Gefühle, so dass sie sich mit der Zeit immer mehr anstauen. Gerade im totalen Stress bricht das dann aus uns heraus. Diese Übung bietet dir ein simples Ventil, damit du in stressigen Situationen nicht von deinen Emotionen überrannt wirst. Es wirkt vielleicht erst einmal theatralisch, aber: Alles, was du gezielt rauslässt, überfällt dich nicht in einer ungünstigen Situation. Schreien, Schlagen oder auch Stampfen kanalisiert Energie, und mit dieser Übung lässt du sie an der richtigen Stelle raus. Hinterher sieht die Welt oft schon wieder viel erträglicher aus.

ANLEITUNG

Geh in dein Schlafzimmer und schrei laut in dein Kissen oder boxe ein paarmal kräftig und schnell auf deine Matratze. Schmeiß dich mit dem Rücken voran auf dein Bett, zieh die Beine an und hebe deine Arme. Anschließend lässt du alles in einem Zug nach unten fallen. Wenn das nicht reicht, schlägst und trittst du in deine Matratze. Zusätzlich kannst du mit deiner Zunge wie eine Schlange zischen. Vielleicht hast du auch einen wundervoll gefüllten Kleiderschrank, in den du hineinbrüllen kannst.

ZUBEHÖR

Nur die üblichen Sachen in deinem Schlafzimmer.

☐ AUSPROBIERT

TIPP 25

Wie der Blitz!

VAGUSNERV STIMULIERUNG

ANLEITUNG

Der Vagusnerv wird durch eine tiefe und langsame Atmung stimuliert. Ein Ton beim Ausatmen setzt einen zusätzlichen Reiz durch die Vibration. Atme hierfür kurz aus und dann lange ein. Im Anschluss atmest du mit einem «Mmmm» mit geschlossenen Lippen aus. Bleibe hierbei natürlich und lass die Luft gegen einen Widerstand raus.

Eine weitere Methode geht über die Augen, wobei der Vagusnerv nicht direkt, sondern indirekt stimuliert wird. Hierbei übst du mit den Fingerspitzen oder den Handflächen sanften Druck auf die Augen aus. Ideal für den Reiz ist ein Wechseldruck: Druck ausüben und loslassen. Drücke aber nur leicht und sanft – du sollst keine Sterne sehen.

Eine andere Möglichkeit ist, deinen Finger im normalen Abstand vor die Augen zu halten. Fixiere ihn und führe ihn nah ran und wieder weg.

Zuletzt enden auch an der Zunge parasympathische Nerven. Babys beruhigen sich durch das Nuckeln, denn dabei wird der Parasympathikus aktiviert. Du als Mama kannst deine Zunge gegen deinen harten Gaumen drücken, als ob du kauen oder saugen würdest. Du kannst den Druck erhöhen, indem du die Zunge einrollst und drückst. Sei hier jedoch vorsichtig – es soll nicht zu Verspannungen führen.

ZUBEHÖR
Nichts.

MEHR WISSEN

☐ AUSPROBIERT

Mehr zu: Wie der Blitz!

Der Vagusnerv ist der längste unserer zwölf Hirnnerven und reicht vom Hirn bis in den Bauchraum. Dieser zehnte Hirnnerv ist ein Hauptbestandteil des Parasympathikus und fungiert als regulierende Schaltstelle. Er ist an der Funktion beinahe all unserer inneren Organe beteiligt. So ist er z. B. für Erholung, Ruhe und Verdauung zuständig, indem er regulierend wirkt und zugleich Informationen der inneren Organe an das Gehirn leitet. Wenn beispielsweise dein Magen Hunger hat, geht diese Information über den Vagusnerv an dein Gehirn. In gewisser Weise ist der Vagusnerv der Hüter über unser Gleichgewicht – ist er entspannt, geht es uns gut. Wenn du ihn aktivierst, löst du innere Anspannungen und kannst mit kommendem Stress besser umgehen.

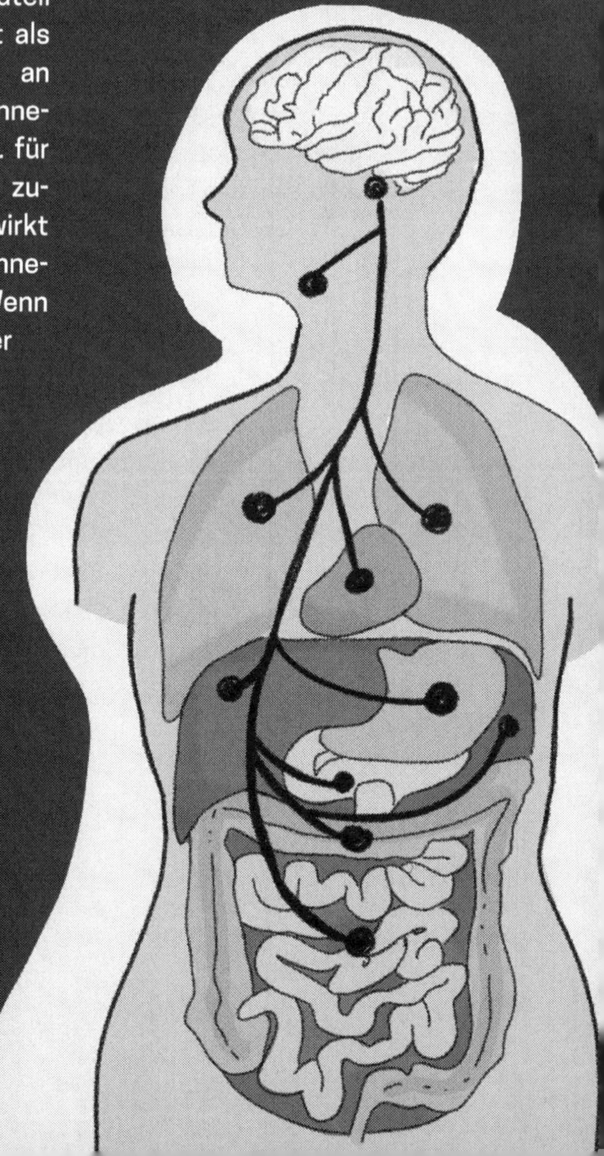

TIPP 26

Aktiviere deine Sinne

Wenn du in Panik gerätst, fixierst du gewöhnlich etwas. Beispielsweise hörst du ausschließlich das Brüllen deines Babys, das vielleicht gerade seinen eigenen Stress abbaut. Oder du siehst mental nur noch eine Sorge. Mit dieser Übung aktivierst du all deine Sinne und stellst sie quasi auf Weitwinkel. Indem du die Fixierung löst, verhinderst du, dass du in Panik gerätst.

ANLEITUNG

Fixiere einen Gegenstand. Jetzt löst du diese Fixierung auf, indem du in die Weite schaust und alles um diesen Gegenstand herum bewusst siehst. Mache das Gleiche mit Geräuschen. Fokussiere dich beispielsweise auf das Geräusch deiner Atmung und höre dann das Singen der Vögel oder das Rauschen des Windes. Übe beides mehrfach, damit du dich in der akuten Situation an das Gefühl des Umstellens erinnerst.

ZUBEHÖR

Nichts.

☐ AUSPROBIERT

STRESS Vorbei

TIPPS UND WISSEN

Stress wirst du in deinem Alltag als Mama nicht verhindern können. Aber du kannst deinen Umgang damit verändern. Die folgenden Übungen bringen dir einen anderen Umgang mit Stress nahe. Mit deiner neuen Achtsamkeit wirst du einige Fallen umgehen und neue Energie für deinen Alltag gewinnen.

IN 5 MINUTEN LESEN

UMSETZUNG: WORKING IN PROGRESS

SS gung

GAR NICHT ERST ENTSTEHEN LASSEN...

Wie entsteht Stress und was macht er mit mir 68

Vier Stressfaktoren 69

STRESS ALLGEMEIN VERMEIDEN

Energievampire dürfen gehen 71

Zeitfresser loswerden 73

Kreativität zur Balance 74

ACHTSAMKEIT TRAINIEREN

Hallo Stress 77

Ich beobachte 78

Die Zeit 79

Cool down Mama 80

Offline-Mama 81

Wellness for me 82

Gute Körperhaltung 84

Entschleunigung 85

Monstergalerie 86

Müdigkeit besiegen 87

GEDANKENKARUSSELL ABSTELLEN

Mama Workload 90

DAS MINDSET RICHTIG PROGRAMMIEREN

Ich darf nein sagen! 95

Negative Gedanken zulassen 98

Jeder will eine Stimme 99

Innere Stimme 101

Mein Mantra 102

Ein Tabu! 104

Deine Rettungsweste zuerst 105

DEN PERFEKTIONISMUS BESIEGEN

Wäschetag auf den Kopf stellen 107

Aufräumzeiten 108

Aus den Augen, aus dem Sinn 109

Ciao Kontrolle! 110

NEUE WEGE FÜR DIE BEZIEHUNG

Liebevolle Botschaften 114

Schafft Raum und Zeit für euch 115

Wenn du wüsstest... 116

Wieder mal Reibungen? 117

Magie 118

Klare Ansage 119

Organisation ist das A und O

Vorbereitung auf den neuen Tag 121
1-Mal-anfassen-Regel 122
Meine Allianzen 123
Keine Überrschungen 125
Kleider Vorrat 126
Spielsachen auswechseln 127
Me-Time 128
Zeitpuffer einplanen 129
Morgenstund hat Gold im Mund 130
Power-Napping 131
Kommt was Neues, muss was Altes gehen 133

Ernährung gut vorbereiten

Vorkochen und Zeit sparen 135
Menü-Wochenplan 136
Null Bock auf Kochen 137
Immer bereit 138
5-Minuten-Rezept 140
One-Pot-Gericht 141

Bewegung und Sport

Laufen mit Buggy 143
Beine und Arme kreuzen 144
Yogageschichte 146

Für die gute Laune meiner Kids

Anerkennungsrunde 153
Rollenwechsel 154
Sprich mit dem Hasen 155
Sensorik Flasche 156
Überraschungskiste 157
Beschäftigungs-dingsbums 158
Team-Meeting 160
Zeit? Kann man das essen? 162

Entspannteste Mama Bucket List 164

Schnell finden

WIE ENTSTEHT Stress UND WAS MACHT ER MIT MIR

Stress macht uns überlebensfähig, denn nur durch ihn können wir uns an Situationen anpassen. Sobald etwas im Außen geschieht, schaltet dein Körper um auf «Kämpfen oder Fliehen». Allerdings gab es früher deutlich weniger Umweltreize. Lärm war schnell vorbei und der Stresszustand legte sich schnell wieder. In der modernen Welt muss dein Körper jedoch jeden Tag über lange Zeiträume mit zahlreichen Reizen umgehen. Zu den äußeren Reizen kommen außerdem psychische Stressoren hinzu, wie Sorgen jeder Art oder Leistungsdruck. Sie klingen weniger schnell ab und können sich zu chronischen Stressoren entwickeln, wenn wir nicht achtsam mit ihnen sind. Dein Körper ist dann in einem dauerhaften Alarmzustand.

Wusstest du, dass die Wahrnehmung von Stress individuell verschieden ist? Finde also heraus, auf welche Reize du stark reagierst.

Was stresst dich? Sind es beispielsweise laute Geräusche oder Zeitnot?

Neben dem negativen Stress gibt es jedoch auch den positiven Stress («Eustress» genannt). Er fördert die Leistungsfähigkeit und stärkt die Psyche. Ein Beispiel wäre eine sportliche Herausforderung, und für einige Mamas soll auch die Geburt so wirken – hierbei gehen jedoch, wie du sicher weißt, die Erfahrungen sehr weit auseinander.

Stress braucht immer eine Kombination aus einer äußeren Ursache und der eigenen inneren Bewertung. Diese macht den Unterschied zwischen positivem und negativem Stress. Aber Achtung: Das bedeutet keineswegs, dass du das Schreien deines Babys nur positiv bewerten musst, und dann stresst es dich nicht mehr. Die innere Bewertung geschieht oft unterbewusst und lässt sich nicht einfach umwandeln.

VIER Stressfaktoren

NEGATIVER STRESS

(äußere Stressfaktoren)

Für negativen Stress gibt es eine Vielzahl von Beispielen, wie eine Deadline mit hohem Zeitdruck oder ein hoher Mental Load, bei dem du dich nicht mehr entspannen kannst. Negativer Stress kann sich zu chronischem Stress entwickeln, wenn die Erholungsphase fehlt und sich ständig weiterer Stress aufbaut. Bist du dauerhaft gestresst, triffst du andere Entscheidungen und agierst anders – und all das führt dich immer weiter in die Stressspirale.

POSITIVER STRESS

Der sogenannte Eustress hat viel mit deinem eigenen Antrieb zu tun. Du setzt dir ein Ziel und arbeitest für dieses statt für eine fremdgesetzte Deadline. Du bist mit Leidenschaft bei der Sache und erwartest, dass dir das Projekt gelingt. Auch ein mit vielen schönen Terminen gefüllter Tag kann positiver Stress sein. Zwar investierst du auch hier viel Zeit, aber dieser Stress pusht dich.

SELBSTGEMACHTER STRESS

(innere Stressfaktoren)

Gerade mit einem Neugeborenen verursachen wir Mamas viel Stress bei uns selbst. Wir haben den Anspruch, dass die Wohnung genauso aussieht oder wir ebenso pünktlich sein können wie vorher. Zu den großen inneren Stressfaktoren zählen: Perfektionismus, Angst, Unsicherheiten und Zweifel. All das führt langfristig zu Stressreaktionen in deinem Körper wie Bauch-, Zahn- oder auch Kopfschmerzen. Bei innerem Stress ist es wichtig, dass du zu deinem eigenen Cheerleader und deiner besten Freundin wirst. Schenk dir Verständnis und Anerkennung und gib dir Zeit für Veränderungen.

FOLGESTRESS

(innerer und äußerer Stress)

Als Folgestress wird Stress bezeichnet, der eine Eigendynamik entwickelt hat. Das kann beispielsweise eine Angst sein, die immer wieder kommt und Situationen zunehmend erschwert.

KAPITEL

STRESS Allgemein VERMEIDEN

Du kannst nicht jeden Stress vermeiden. Aber es gibt Situationen, die du vermeiden kannst. Wenn du auf dich und deine Grenzen achtest, wird dir auffallen, dass es Situationen und Menschen gibt, die dir nicht guttun. Wenn möglich, kannst du sie vollständig aus deinem Alltag entfernen, oder sonst zumindest teilweise fernhalten. Kontakte mit bestimmten anderen Eltern kannst du vielleicht nicht vollständig verhindern, aber du kannst dich innerlich davon distanzieren. Diese Übungen helfen dir dabei, dein Bewusstsein weiterzuentwickeln und genau zu spüren, wer oder was dir unnötigen Stress bereitet.

TIPP 27

Energievampire dürfen gehen

(AUF PERSONEN BEZOGEN)

Vielleicht ist es dir bereits aufgefallen: Es gibt Menschen, mit denen du Zeit verbringst, und es geht dir gut. Dann gibt es Menschen, die dir die Energie auszusaugen scheinen. Die Gründe können verschieden sein. Vielleicht jammern sie permanent, oder sie erhöhen sich auf deine Kosten. Diese Menschen werden als Energievampire bezeichnet. Schau dich daher einmal sehr genau in deinem Umfeld um: Welche Freunde und Bekannte sind an deinem Wohlergehen interessiert und welche saugen die Energie aus dir heraus und akzeptieren kein Nein?

ANLEITUNG

Verwende für diese Übung das Herz auf der nächsten Seite. Schreibe eine Liste mit allen Menschen aus deinem Freundeskreis auf ein Blatt Papier. Schneide die Namen aus, verteile sie und klebe sie anschließend in- oder außerhalb des Kreises auf. Du kannst die Namen natürlich auch direkt in das Buch schreiben. Sei ehrlich zu dir selbst: In das Herz kommen nur die Menschen, die dir nahestehen, dir guttun und auf die du zählen kannst. Die Menschen, die außerhalb des Herzens sind, kannst du mit einem guten Gefühl loslassen.

ZUBEHÖR

Stifte, Papier, Kleber und Schere.

HERZ AUF DER NÄCHSTEN SEITE

☐ AUSPROBIERT

TIPP 28

Zeitfresser loswerden

(AUF OBJEKTE/HANDLUNGEN BEZOGEN)

In unserem Alltag gibt es viele Zeitfresser, die sich dort unbemerkt einnisten. Jetzt ist die richtige Gelegenheit, dorthin zu schauen und sie zu reduzieren. Du kannst manche Zeitfresser vielleicht nicht vollständig loswerden, aber du kannst sie vermindern. Das kann beispielsweise ein Digital Detox sein oder eine Umstrukturierung des Haushalts, die dir mehr Zeit schenkt. Mache es dir in deinem Alltag so leicht wie möglich – schwer wird es schon von allein. Schritt für Schritt die eigenen Zeitdiebe loszuwerden, erleichtert dir deinen Alltag. Bei dieser Übung ist eine Regelmäßigkeit sinnvoll, wie eine Art innere Inventur.

ANLEITUNG

Benenne deine Zeitfresser und schreibe zehn von ihnen auf, die dir ohne viele Überlegungen in den Sinn kommen. Ist es etwas, das du loslassen kannst? Wenn nein, wie kannst du es eindämmen? Beobachte dich hierbei achtsam und reduziere deine Zeitdiebe.

ZUBEHÖR

Ein Stift.

1	
2	
3	
4	
5	
6	
7	
8	
9	
10	

☐ AUSPROBIERT

TIPP 29

Kreativität zur Balance

Sich kreativ auszudrücken, hilft dabei, entspannt durch den Alltag zu gehen. Wir nutzen hierbei andere Gehirnareale und gewinnen Flexibilität und Freude durch Kreativität.

Welche kreative Tätigkeit macht dir Spaß? Schreibst du gerne? Malst du lieber oder bastelst du? Bist du gerne in der Natur und gestaltest deinen Balkon, deine Terrasse oder deinen Garten schön? Oder verschönerst du gerne Möbelstücke? Nähst du gerne? All das sind unterschiedliche kreative Tätigkeiten, die für Entspannung sorgen. Bitte hab hier nicht den Anspruch an dich, dass alles ein Kunstwerk sein muss. Es geht nicht um Leistung, sondern um Loslassen bei dieser Übung. Ohne Leistungsdruck kommst du in einen Flow und lässt den Stress und Druck des Alltags hinter dir. Du lässt Frust los und kommst anders mit dir in Kontakt. Probiere dich z. B. wenn die Kinder schlafen aus.

ANLEITUNG

Nimm dir gezielt Zeit in der nächsten Woche, um dich kreativ auszuprobieren. Starte mit einem kleinen Projekt, wenn du dich bisher nicht als besonders kreativ erlebt hast. Male beispielsweise dieses Mandala aus oder zeichne etwas ab. Gib dir Zeit, um deine Kreativität zu wecken.

ZUBEHÖR

Zum Beispiel Farbstifte und Papier oder was dein Herz begehrt.

☐ AUSPROBIERT

KAPITEL

ACHTSAMKEIT trainieren

WAS IST ACHTSAMKEIT UND WIE FUNKTIONIERT SIE?

Achtsamkeit bedeutet, dass du sowohl körperlich als auch mental im Hier und Jetzt bist. Das hört sich zwar seltsam an, ist aber für viele Menschen nicht der Normalzustand. Sie sind in Gedanken entweder in ihrer Vergangenheit, kreisen um Sorgen und Ängste oder denken über ihre Zukunft nach. Wenn du achtsam bist, lebst du vollständig im Moment. Du bemühst dich, mit deinen Gedanken nicht abzuschweifen, sondern bei dem zu bleiben, was du tust. Je häufiger dir das gelingt, desto ruhiger wirst du.

TIPP 30

Hallo Stress

Oft merkst du nicht, dass du akuten Stress hast, weil du gar nicht mehr auf dich achtest – schließlich hast du Stress. Aber dein Körper reagiert darauf, beispielsweise mit Verspannungen, Schmerzen oder Verdauungsbeschwerden – von Magenschmerzen über Sodbrennen, Blähungen und Durchfall bis hin zu Verstopfung. Vielleicht schläfst du auch schlechter. Um all das zu verhindern, ist es wichtig, achtsam zu sein und Stress zu bemerken. Nur dann kannst du bewusst gegensteuern und dich um dein Wohlbefinden kümmern. Wenn du achtsam auf deinen Körper und deine Befindlichkeiten schaust, ändert sich viel in deinem Leben.

ANLEITUNG

Achte im Alltag bewusst auf dich. Wenn du merkst, dass dein Körper auf Stress reagiert: Atme tief durch, spüre in dich hinein. Wie zeigt dir dein Körper deinen Stress? Im zweiten Schritt hinterfragst du die Art von Stress: Kommt der Stress von außen oder ist er «selbstgemacht»? Wenn du beispielsweise feststellst, dass dich gerade dein hoher Anspruch an dich selbst stresst, lass ihn los. Hinterfrage auch den Stress von außen: Muss das so sein oder lässt es sich ändern?

Je häufiger du diese Übung machst, desto schneller und beiläufiger wirst du unterscheiden können und dir merken, was geschieht.

ZUBEHÖR

Nur ein ruhiger Platz für dich.

☐ AUSPROBIERT

TIPP 31

Ich beobachte

Ein großer Stressfaktor im Leben von uns Mamas sind die Erwartungen, die wir an unsere Kinder stellen. Viele davon sind unterbewusst, dennoch machen sie aus unserem Kind ein Projekt anstelle eines menschlichen Gegenübers. Es verstellt uns den ungetrübten Blick auf das Wesen unseres Kindes, wenn wir eine klare Vorstellung davon haben, wie es sein soll. Zudem ist es oft ein Anspruch, dem wir selbst auch nicht gerecht werden. Immer gute Noten, immer freundlich, aufgeschlossen, selbstständig und beliebt – wer ist das schon in jeder Lebensphase und überhaupt? Diese Übung hilft dir, einen Schritt zurückzutreten und eine andere Perspektive einzunehmen.

ANLEITUNG

Beobachte dein Kind in Alltagssituationen (natürlich so, dass dein Kind es nicht bemerkt). Nimm dir Zeit und sei einfach da. Denke bei deinen Beobachtungen an das Alter deines Kindes und an seine natürliche Entwicklung – beispielsweise kannst du von einem Kleinkind keine Empathie erwarten. Vertrau deinem Kind und lass es machen. Du wirst in vielen Situationen sehen, was dein Kind bereits alles kann. Die wertfreien Beobachtungen schenken dir einen Blick auf all die Eigenschaften deines Kindes. Du siehst seine Stärken und nimmst teil. Dadurch wirst du dich entspannen und gleichzeitig wird euer Verhältnis gestärkt. Denn auch für Kinder ist es nicht schön, wenn sie permanent Anweisungen oder Bewertungen erhalten. Durch Beobachtungen und positive Verstärkungen förderst du dein Kind in seinem Wesen, anstatt es zu jemandem zu machen, der es nicht ist.

ZUBEHÖR

Etwas Ruhe und Zeit, um dein Kind wohlwollend zu beobachten.

☐ AUSPROBIERT

TIPP 32

Die Zeit

Wie steht es um dein Zeitgefühl? Achte einmal bewusst auf die Zeit, damit du wieder besser mit ihr umgehen kannst. Du bist der Verwalter deiner Zeit. Mit einem bewussten Umgang mit ihr kannst du deine Tage sinnvoller und schöner gestalten. Denn so kurz, wie wir immer glauben, sind beispielsweise fünf Minuten gar nicht. Gerade für uns Mamas sind fünf Minuten ein kostbares Gut. Mach dir das bewusst und verschenk deine Zeit nicht, nur weil du glaubst, dass es zu wenig ist.

ANLEITUNG

Stell dir einen Timer auf fünf Minuten. Du kannst in dieser Zeit entweder ruhig sitzen oder eine Strecke laufen. Ebenso kannst du in deinem Alltag weitermachen und schauen, was du in fünf Minuten schaffen kannst.

ZUBEHÖR

Z. B. ein Timer.

☐ AUSPROBIERT

TIPP 33

Cool down Mama

Das Abschalten fällt vielen Mamas sehr schwer. Wenn du den ganzen Tag auf Hochtouren funktionierst, ist es schwierig, am Abend runterzukommen. Dann wird schnell noch der Abwasch erledigt, die Wäsche zusammengelegt, etwas konsumiert oder direkt ins Bett gefallen – was alles okay ist. Aber frage dich selbst: Wann kommt deine Entspannung? Der Komaschlaf nach einem vollen Tag fühlt sich oft wenig erholsam an. Daher ist es wichtig für dich, bewusst zu lernen, deinen Alltag loszulassen und runterzukommen. Die Aufgaben laufen nicht weg, aber deine gute Laune schon.

ANLEITUNG

Sobald du deine Kinder ins Bett gebracht hast, gönnst du dir einen ruhigen Abend. Du machst nichts. Du erledigst keine Haushaltsdinge mehr, schaust nicht bei Facebook rein, ignorierst alle WhatsApp-Gruppen, liest keine Mails und schaust keine Nachrichten oder etwas anderes. Du machst nichts. Sollten Schuldgefühle in dir hochkommen, verbietest du sie dir. Damit vergeudest du keineswegs deine Lebenszeit, sondern du lädst dich neu auf.

ZUBEHÖR

Ein ruhiger und gemütlicher Ort für dich.

☐ AUSPROBIERT

TIPP 34

Offline-Mama

#FOMO (FEAR OF MISSING OUT)

Vieles in unserem Alltag läuft digital ab. Das ist praktisch, kann aber auch zu einer Stressfalle werden. Permanent ertönt irgendwo ein Bing von einer Nachricht, auf die du antworten musst, und du befindest dich parallel in zig digitalen Gesprächen. All das hast du zusätzlich zu den unmittelbaren Dialogen zuhause. Daher ist es gut, das Digitale etwas zu regulieren und deine Verfügbarkeit einzugrenzen. Du wirst feststellen: Dadurch verpasst du nichts, aber du gewinnst offline Nerven und eine neue Entspanntheit.

ANLEITUNG

Richte dir «digitale Zeiten» ein, in denen du deine Telefonate erledigst und deine Mails beantwortest. Schalte WhatsApp-Gruppen auf stumm. Überlege, für wen du wirklich immer erreichbar sein musst – im Grunde sind das nur Notfälle der Kinder. Die meisten anderen Sachen können warten. Lege dein Telefon für die restliche Zeit an einen definierten Platz und schenke deine Zeit deinem Kind oder dir. Spürst du eine Veränderung?

ZUBEHÖR

Ein Platz für dein Telefon – am besten außerhalb deiner Sichtweite.

☐ AUSPROBIERT

TIPP 35

Wellness for me

Als Mama wird bereits die ungestörte Dusche zu einem Wellnesstrip. Versuch jedoch, dir in deinem Alltag Zeit für dich und deinen Körper zu nehmen. Wenn du ihn pflegst und gut mit ihm umgehst, stärkst du den Kontakt mit dir. Dein Körper zeigt dir viel über dich und dein Wohlbefinden. Achtsame Pflege löst außerdem Entspannung und Glücksgefühle aus. Kleine Wellnessauszeiten wirken sich also auf mehreren Ebenen positiv aus. Geh liebevoll mit deinem Körper um – er leistet so viel und verdient deine Aufmerksamkeit. Diese Übung hilft dir, deinen Körper dankbar zu betrachten, anstatt ihn als Optimierungsprojekt zu sehen.

ANLEITUNG

Kaufe dir beispielsweise eine besondere Körperlotion für deine Wellnessmomente und creme dich achtsam mit ihr ein. Rieche ihren feinen Duft und schenke als Erstes deinen Füßen Aufmerksamkeit, die dich den ganzen Tag tragen. Creme dann deine Beine liebevoll ein, deine Arme, deine Schultern, deinen Rücken, deinen Oberkörper und deinen Bauch. Bedanke dich bei deinem Körper und schließe jedes Mal ein bisschen mehr Frieden mit ihm.

ZUBEHÖR

Eine besondere Körperlotion.

LOTION SELBER HERSTELLEN

KÖRPERLOTION EINFACH SELBER HERSTELLEN

1. Kakaobutter, Kokosöl, Sheabutter und Mandelöl auf kleiner Hitze (max. 35 Grad) verschmelzen lassen. Am besten geht das in einem Wasserbad.

Wenn alles geschmolzen ist, kommt die Masse für eine Stunde in den Kühlschrank. Sie sollte nach einer Stunde noch weich sein.

2. Zwei Kapseln Vitamin E und optional ätherisches Öl beigeben.

3. Mixen, bis es keine Klumpen mehr gibt.

4. Optional: Farbe und Glitzer beifügen und mischen.

5. Spritzbeutel vorbereiten: Gefrierbeutel in ein Glas legen, damit die Öffnung nach oben zeigt. Die Masse in den Beutel füllen. Beutel schließen und untere linke oder rechte Ecke abschneiden.

6. Gefäß für die Lotion mit Alkohol desinfizieren.

7. Gefäß mit dem Spritzbeutel füllen – fertig.

ZUTATEN

40 g	Kakaobutter
40 g	Kokosöl
40 g	Sheabutter
40 g	Mandelöl

Optional: Vitamin E, ätherisches Öl oder Parfum, Farbe und Glitzer.

☐ AUSPROBIERT

TIPP 36

Gute Körperhaltung

FÖRDERUNG DER SELBSTSICHERHEIT

Deine Körperhaltung verrät nicht nur viel über dein Selbstbewusstsein, sondern beeinflusst dieses sogar. Wenn du schief und eingeknickt stehst und dich am liebsten verstecken möchtest, wird dein Selbstwert immer mehr schrumpfen. Achte einmal bewusst auf deine Körperhaltung in unterschiedlichen Situationen. Wie bewegst du dich, wenn du dich sicher fühlst? Mit den folgenden Profi-Tipps kannst du sowohl deine Außenwirkung als auch dein Selbstbild positiv beeinflussen. Fühle dich Tag für Tag immer selbstbewusster.

ANLEITUNG

Stell dich zum Üben am besten vor einen Spiegel, denn wenn du dich siehst, kannst du deine Haltung besser korrigieren. Gerade wenn dein Körpergefühl stark in Mitleidenschaft gezogen wurde, hilft dir ein Spiegel bei dieser Übung. Stell dich aufrecht hin. Hebe dein Kinn und zieh deine Schultern nach unten. Wenn du hier oft Verspannungen hast, zieh die Schultern ein- bis dreimal bewusst nach oben und lass sie beim Ausatmen fallen. So findest du eine entspannte Schulterposition. Halte deinen Rücken gerade. Lege deine Hände auf deinen Bauch und spüre, wie er sich durch diese Position verändert. Eine starke Körpermitte ist für eine gute Haltung wichtig. Achte außerdem auf einen sicheren Stand und stelle hierfür deine Füße leicht auseinander. Lächle und präge dir dieses Gefühl ein. Achte im Alltag immer wieder darauf, bewusst diese Haltung einzunehmen, bis du sie verinnerlicht hast.

ZUBEHÖR

Gegebenenfalls ein Spiegel und ein Moment Ruhe, um dich auszurichten.

☐ AUSPROBIERT

TIPP 37

Entschleunigung

Der Alltag als Mama ist oftmals stark getaktet. Wir springen von einem Zeitfenster mit seinen To-dos direkt in das nächste Zeitfenster mit wieder anderen To-dos. In einem Moment bist du noch die perfekte Angestellte mit nachdrücklichem Verhandlungsgeschick und im nächsten die verständnisvolle und tröstende Mutter. Gerade hast du hocheffizient an einem halben Tag die Arbeit eines ganzen Arbeitstages geschafft und jetzt nimmst du dir Zeit und bist die Geduld in Person. Gönne dir zwischen diesen Wechseln einen Moment des Verschnaufens und des Seins. Entschleunige deinen Alltag, indem du bewusste Pausen zwischen deinen Rollenwechseln setzt. Du kannst mit jedem Moment besser umgehen, wenn du nicht mehr springst, sondern in deinem Tempo in neue Situationen hineingleitest.

ANLEITUNG

Verpasse beispielsweise bewusst den Bus, anstatt zu rennen. Was geschieht? Wie fühlst du dich? Nimm das bewusst wahr. Oder lass beim Einkaufen jemandem den Vortritt – hat es negative Konsequenzen für dich? Nimm dir generell Zeit auf deinen Wegen. Erlaube dir, zu Fuß zu gehen und nicht von A nach B zu hetzen. Entscheide dich bewusst für diese Pausen in deinem effizient durchgetakteten Alltag. Wie fühlt sich das an?

ZUBEHÖR

Nichts.

☐ AUSPROBIERT

TIPP 38

Monstergalerie

Hast du deinen Gefühlen schon einmal ein Aussehen gegeben? Wie könnte Wut aussehen? Oder Freude? Welche Körperform hat deine Traurigkeit? Sind sie alle gleich groß oder unterscheiden sich deine Gefühle in ihrer Form? Sind einige von ihnen vielleicht fest und starr, während andere sich leichter formen lassen? – Durch diese Übung gibst du jedem Gefühl seine Daseinsberechtigung und freundest dich mit ihm an.

ANLEITUNG

Setz dich in Ruhe hin und male deine Gefühle auf. Lass sie zu kleinen und lustigen Monstern werden, die in dir wohnen. Du kannst dich auch einzelnen Gefühlen widmen, die dir vielleicht besonders schwerfallen. Nimm dir Zeit dabei. Diese Übung eignet sich gut für den Abend, wenn die Kinder schlafen oder richte dir eine längere Me-Time ein.

ZUBEHÖR

Stifte und Papier.

EXTRA-FAMILIEN-TIPP

Diese Übung kannst du auch wunderbar gemeinsam mit deinen Kindern machen. Dabei könnt ihr euch gegenseitig erklären, was ihr malt und warum ihr euch dieses Gefühl so vorstellt. Wichtig ist: Es gibt kein Richtig oder Falsch.

☐ AUSPROBIERT

MÜDIGKEIT besiegen

Wie müde bist du im Alltag? Viele Mamas sind dauerhaft müde. **Das kann an der hohen Belastung liegen, aber ebenfalls biologische Ursachen haben.** Wenn du dich permanent abgeschlagen fühlst, solltest du auf jeden Fall einen Blutcheck beim Arzt durchführen lassen. Vitamin- oder Eisenmangel können Müdigkeit verursachen. Manchmal ist sie auch ein erstes Anzeichen für Probleme mit der Schilddrüse. Daher: Wenn du dauerhaft müde bist, lass es einmal ärztlich abklären. Zeigen deine Blutwerte einen Mangel, kannst du nach Rücksprache mit deinem Arzt aktiv werden und mit einer guten Ernährung und eventuellen Ergänzungsmitteln gezielt entgegenwirken.

Wenn sich keine biologische Ursache für deine Müdigkeit finden lässt, achte auf deine Pausen und deine Schlafenszeiten im Alltag. Gib bewusst Aufgaben ab und gehe früh schlafen. Push dich nicht über dein Limit mit Kaffee und/oder Zucker, sondern baue dir bewusst Entspannungsmomente in deinen Alltag ein. **Du musst nicht permanent funktionieren und dein Zuhause muss keinen Preis bei «schöner wohnen» gewinnen.** Mach lieber einen Moment langsamer, bis du spürst, wie die Energie zu dir zurückkommt. Sei liebevoll und verständnisvoll mit dir und besiege so mit der Zeit die bleierne Müdigkeit.

KAPITEL

GEDANKEN-KARUSSELL abstellen

Mental Load – hinter diesen beiden Worten versteckt sich der riesige Berg an unsichtbaren Aufgaben, die im Alltag mit einer Familie anfallen. Das sind die Geburtstagseinladungen, die noch gebastelt und geschrieben werden müssen – ganz zu schweigen von der Location des Geburtstags, die wohlbedacht sein will. Das ist das «Catering» der Geburtstagsfeier, bei der Unverträglichkeiten und religiöse Überzeugungen der Gäste abgeklärt werden sollten, um traurige Kindergesichter zu vermeiden, weil du Salami aus Schweinefleisch auf die Pizza gelegt hast oder Nüsse im Geburtstagskuchen sind. Das sind die Unterschriften auf den zahlreichen Zetteln aus dem Kindergarten oder der Schule oder die unterschiedlichen Termine, die koordiniert werden wollen und oftmals Kommunikation voraussetzen. Das ist der nächtliche Preisvergleich von Waschmaschinen, weil die Maschine komische Geräusche von sich gibt. Oder ganz generell die Benutzung der Waschmaschine, damit die Kleiderschränke nicht irgendwann leer sind. Mental Load bedeutet auch das Nachkaufen von Kleidung, wenn sie nicht mehr passt oder wieder einmal alle Hosen durch sind. Weil all das Aufgaben sind, die keinen festen Platz haben, übernimmt sie oft die letzte erwachsene Person, die das Haus nicht schnell genug verlässt. In den meisten Fällen ist das die Mutter. Über die Jahre kann dieser Berg wachsen und schnell zu einer Überforderung führen.

Die folgenden Übungen helfen dir, einen Überblick zu bekommen und auch den anderen Familienmitgliedern einen Einblick in die unendlichen Weiten des Orga-Labyrinths hinter einem funktionierenden Familienalltag zu geben. Oftmals ist es nämlich weniger böse Absicht als Ahnungs- und Gedankenlosigkeit bei den übrigen Familienmitgliedern. Wer sich noch nie um den ganzen Kram kümmern musste, kennt die unsichtbaren Schritte nicht und hat keine Vorstellung, wie anstrengend es sein kann, Unverträglichkeiten im Vorfeld einer Geburtstagsparty abzuklären.

TIPP 39

Mama Workload

Elternsein ist ein Vollzeitjob. Du hast vieles im Blick: Termine, Gefühle, neue Fähigkeiten, Essen, Trinken, Hygiene, Schlaf und vieles mehr. Achtest du bewusst darauf, was du jeden Tag leistest? Kann dein Partner das wertschätzen? Oder befindest du dich in einem permanenten Kampf um jede Sekunde Me-Time und Anerkennung?

ANLEITUNG

Schreibe dir jeden Tag deine Aufgaben und die notwendige Organisation auf. Achte auch auf die Details, die du so nebenbei erledigst. Das Begleiten und Aushalten von Wut und Frust bei deinem Kind ist ebenso eine Aufgabe wie das Wechseln der Windel, das Begleiten auf die Toilette oder das Putzen der Nase. Am Ende des Tages wirst du staunen, was du jeden Tag an vielfältigen Aufgaben bewältigst.

»DIE FRAU fürs Leben ist nicht DAS Mädchen FÜR ALLES!«

Laura Fröhlich

MEINE BETREUUNGSARBEIT		
ank.	**Betreuungszeit**	**H/Woche***
	Hausaufgaben	
	Nachtbetreuung	
	Hausaufgaben	
	Hobbys / Aktivitäten	
	Tiere	
	Spiel und Kreativität	
	Hygiene Kinder	
	Total: Betreuungszeit / Woche	
ank.	**Koordination Kinder**	**H/Woche***
	Hobbys / Aktivitäten	
	Termine Kita, Schule	
	Fahrdienste	
	Arzt / Zahnarzt	
	Weiteres:	
	Total: Koordination Kinder / Woche	
ank.	**Organisation**	**H/Woche***
	Wochenplanung / Einkaufslisten	
	Einkaufen	
	Ferienplanung	
	Administratives (Steuern, Finanzen)	
	Kinderkleider kaufen / organisieren	
	Geburtstage organisieren und durchführen	
	Organisation Allianzen	
	Weiteres:	
	Total: Organisation / Woche	

ank.	Haushalt	H/Woche*
	Kochen	
	Putzen	
	Waschen	
	Aufräumen	
	Einkaufen	
	Abfall / Recycling	
	Weiteres:	
	Total: Haushalt / Woche	

MEINE BEZAHLTE ARBEIT

ank.	Arbeit	H/Woche*
	Arbeit vor Ort oder unterwegs	
	Meetings	
	Arbeit nach Feierabend	
	Weiteres:	
	Total: Arbeit / Woche	

DIVERSES

ank.	Diverses	H/Woche*
	Fahrzeug Unterhaltung / Betreuung	
	Garten- Balkonpflege	
	Elternabende, Schulbesuche	
	Weiteres:	
	Total: Diverses / Woche	

MEINE AUSZEIT		
ank.	**Self Care**	**H/Woche***
	Wellness	
	Hobby	
	Beauty: Coiffeure, Manicure etc.	
	Arzt- / Zahnarztermine	
	Sport	
	Bewegung	
	Freundschaft	
	Shopping-Time	
	Ausgang	
	Weiteres:	
	Total: Self Care / Woche	
ank.	**Beziehung**	**H/Woche***
	Candle light dinner	
	Gespräche	
	Hobbys	
	Gemeinsame Auszeiten	
	Weiteres:	
	Total: Beziehung / Woche	

* Optional

LISTE ZUM AUSDRUCKEN

EXTRA-TIPP

Benötigst du eine Argumentationshilfe? Dann lass diese Liste auch von deinem Partner ausfüllen, vergleicht sie und staunt!

☐ AUSPROBIERT

KAPITEL

DAS Mindset RICHTIG PROGRAMMIEREN

Mindset ist ein anderes Wort für deine innere Haltung. Manchmal ist diese leider gar nicht auf deiner Seite, sondern spielt dir übel mit – beispielsweise wenn dir beigebracht wurde, dass du die Meinung älterer Menschen über dein Bauchgefühl stellen solltest. Oder wenn du gelernt hast, dass du kein Recht auf eine Pause hast. Dann gilt es: Ärmel hochkrempeln und das missgünstige Mindset hinausjagen. Für dich soll das Leben schön und leicht sein. Du darfst ab jetzt deine beste Freundin sein, die dich verwöhnt, dich bestärkt und liebevoll mit dir redet.

TIPP 40

Ich darf NEIN sagen!

Es ist wichtig, dass du Nein sagen kannst. Wie oft nimmst du dir dieses Recht heraus? Kinder proben das Nein in ihrer Autonomiephase intensiv. Oft machen sie in diesem Alter negative Erfahrungen, wenn sie für sich und ihre Grenzen eintreten, denn Erwachsene respektieren das Nein von Kindern nur bedingt. Wir lernen also bereits als Kind: Nein sagen bringt Streit. Wer zu vielem Ja sagt, wird leichter gemocht. Allerdings gilt es hierbei zu fragen: Magst du dich, wenn du dich über das Ja doch so sehr ärgerst? Wie geht es dir langfristig, wenn dich zwar alle anderen mögen, du dich aber innerlich leer fühlst? – Um dich als Mama nicht in der Falle zu verrennen, dass du nur noch funktionierst und es allen recht machen willst, ist es entscheidend, dass du deine Grenzen mit einem klaren Nein verteidigen kannst. Nimm dir Zeit hierfür und sei dir auch nicht böse, wenn es dir nicht in jeder Situation gelingt. Je öfter du Nein sagst, desto leichter wird es für dich.

Wichtiges Thema!

«MAN VERLETZT lieber 1000-mal sich SELBST, ALS ANDERE ZU verletzen!»

Unbekannt

ANLEITUNG

ANLEITUNG

Diese wichtige Übung besteht aus drei Teilen. Du kannst sie entweder einzeln oder gemeinsam machen. Entscheide das ganz nach deinem Empfinden. Verwende pro Aufgabe nicht mehr als 5 Minuten. Denn die ersten Impulse zählen.

1. TEIL: LÖSE DICH VON MENSCHEN, DIE DEIN NEIN NICHT AKZEPTIEREN WOLLEN!

Verwendet hierfür den Tipp «Energievampiere dürfen gehen» auf Seite 71.

2. TEIL: WELCHE KONSEQUENZ KÖNNTE DEIN «NEIN» SCHLIMMSTENFALLS HABEN?

Oft sitzen tiefe Ängste dahinter, wenn wir ein Problem mit dem Neinsagen haben. Schau bei dir ehrlich hin, was deine Probleme an dieser Stelle verursacht. Was sagt dir dein Kopf, was passieren wird, wenn du Nein sagst? **Schreibe deine schlimmste Fantasie auf**. Vielleicht, dass du einsam und ungeliebt lebst oder dass sich die Menschen von dir abwenden, weil du ihnen nicht mehr nützlich bist. Male dir all das in den düstersten Farben aus. Schreibe auf, was dir dein Kopf in diesem Moment sagt. Sei ehrlich und lass all die Ängste nach oben kommen. Bewerte sie nicht, sondern halte sie einfach fest. Erst wenn du fertig bist, schaust du dir an, was du aufgeschrieben hast. Wie realistisch sind deine Befürchtungen? Würden deine engen Freunde sich von dir abwenden, weil du deine Grenzen verteidigst? Würde dein Partner dich nicht mehr lieben, wenn du ihm einen Gefallen abschlägst? Werden dich deine Kinder weniger lieben, weil du ihnen keine Cookie-Monster-Muffins gebacken hast? – Du hast ein Netzwerk aus Menschen, die dich schätzen. Und zwar nicht, weil du nützlich bist, sondern weil du du bist. Auf die anderen Menschen kannst du getrost verzichten.

3. TEIL: WIE LERNST DU, DICH ABZUGRENZEN?
Es wird Situationen geben, in denen es dir doppelt und dreifach schwerfällt, dich abzugrenzen. Sei geduldig mit dir. Geh nicht zu hart mit dir ins Gericht, sondern betrachte diese Entwicklung liebevoll und mit Humor. Vielleicht fragt dich jemand, ob du für ein Fest im Kindergarten einen Kuchen backen und für zwei Stunden den Verkaufsstand übernehmen kannst. Du weißt, dass du das zeitlich nicht schaffst, aber du möchtest **niemanden kränken** und deinen Teil zum Sozialleben beitragen. Oder deine Mutter, die 500 Kilometer entfernt lebt, feiert ihren Geburtstag am Freitagnachmittag (weil da nun mal ihr Geburtstag ist) und erwartet, dass du kommst und außerdem diese leckeren beiden Kuchen mitbringst. Du möchtest sie nicht enttäuschen, aber gleichzeitig ärgerst du dich darüber, dass deine Mutter den langen Weg zu ihr und dein eigenes Leben zu vergessen scheint. **Für all diese Herausforderungen kannst du einen Satz entwickeln**, den du in diesen Momenten sagst. Auch als Abendübung geeignet.

> Hier eignet sich der Tipp: Jeder will eine Stimme (Seite 99).

JA ODER NEIN?
Manchmal ist es schwer zu wissen, was du sagen möchtest. Verschaff dir in so einem Fall **Bedenkzeit** und lass dich **nicht zu einer Entscheidung drängen.** Sobald du dich überfordert fühlst, brauchst du Raum und Zeit zum Nachdenken. Verwende hierfür Sätze wie «Danke für das Angebot; ich überlege es mir sehr gerne und melde mich bei dir» oder «Aktuell kann ich weder Ja noch Nein sagen, ich brauche einen Moment Bedenkzeit».

ZUBEHÖR
Zettel und Stift.

☐ AUSPROBIERT

TIPP 41

Negative Gedanken zulassen

#NEGATIVEGEDANKEN #NEGATIVEGEDANKENLOSLASSEN

Hast du schon einmal von Toxic Positivity gehört? Gute Laune ist positiv, aber zwanghafter Optimismus ist reines Gift. Negative Gedanken und Gefühle verschwinden nicht, wenn du sie leugnest. Und sie sind auch nicht «schlecht», sondern haben eine Funktion. Sie machen dich darauf aufmerksam, dass da noch etwas zu bearbeiten ist. Wusstest du, dass 80 Prozent der Gedanken durchschnittlich negativ sind? Das ist viel, wenn du es verdrängst. Akzeptiere stattdessen deine negativen Gefühle, um sie loszulassen.

ANLEITUNG

Schreib deine negativen Gedanken auf und frage dich bei jedem einzelnen: Was ist der Auslöser hierfür? Welche Gefühle (Trauer, Wut, Angst usw.) stecken hinter dem Gedanken? Was kann dir im schlimmsten Fall passieren? Ziehe dann unter den Gedanken einen Schlussstrich.

Wie geht es dir jetzt?

ZUBEHÖR

Ein Blatt Papier oder ein schönes Heft und ein Stift.

☐ AUSPROBIERT

TIPP 42

Jeder will eine Stimme

#BESSERWISSER #FREMDEINFLÜSSE

ANLEITUNG

Formuliere deinen persönlichen Satz für die nächste Situation, in der du einen unerwünschten Ratschlag erhältst. Die Formel für einen solchen Satz lautet: Anerkennung und Antwort. Es ist weder eine Erklärung noch eine Entschuldigung von deiner Seite nötig.

Ein Beispiel könnte sein: «Ich sehe, dass du helfen möchtest. Aber diese Form der Hilfe hilft mir nicht.» Oder: «Ich verstehe, warum ihr bei euch diese Entscheidung getroffen habt. Für uns als Familie müssen wir noch schauen, was für uns genau passt.» Denke bei dem Satz an die Person, die dir am meisten «Hilfe» aufdrängt. Frage dich auch, worum es ihr geht. Achte bei aller Anerkennung der anderen Person aber auch darauf, dass du in deiner Grenze klar bist. Ja, du kannst verstehen, was sie meint. Aber du willst das nicht. Punkt. Fertig.

ZUBEHÖR

Eventuell Papier und Stift.

MEHR WISSEN

BEISPIELSATZ

Anerkennung
…

Antwort
…

☐ AUSPROBIERT

Mehr zu: Jeder will eine Stimme

Während du versuchst, in deine Rolle als Mutter zu finden, bekommst du ständig ungefragte Meinungen von außen. Wichtig zu wissen ist: Diese Personen meinen es gut und wollen dir eigentlich helfen. Die Frage ist: Stimmt es für dich oder nicht. Entweder achtest du zu sehr auf deine Bedürfnisse oder du vernachlässigst dich (und deinen Partner). In dieser Situation gilt es zu begreifen: Du kannst nicht gewinnen. Freunde, Geschwister, Schwiegermütter und Wildfremde im Supermarkt wissen einfach alles besser: Du solltest das Baby nicht tragen, weil es so bestimmt erstickt. Im Kinderwagen solltest du es aber auch nicht schieben, sonst wird sein Kopf platt.

SAG DIR AN DIESER STELLE «STOPP»
Hör auf dein Bauchgefühl und nicht auf all die Besserwisser, die es gut meinen. Dein Gegenüber möchte in der Situation oft nur helfen. Aber seine Hilfe ist für dich vielleicht gar nicht richtig. Dir würde es helfen, wenn die Menschen in deinem Umfeld fragen, was du brauchst.

DON'T BE NICE – BE CLEAR
Du kannst nicht beeinflussen, was die anderen denken. Sei mutig und probiere dich in dieser neuen Rolle aus. Achte auf dich und dein Kind. Freu dich über all die kleinen und schönen Momente. Sieh dir nach, wenn du im Stress emotional reagierst. Sei stolz auf dich – du machst das großartig!

TIPP 43

Innere Stimme

#GEDANKENHYGIENE

Wir alle haben eine innere Stimme, die mit uns redet und unsere Handlungen kommentiert. Wie spricht deine innere Stimme mit dir? Ist sie eher Kritiker oder eher Freund? Die innere Stimme ist impulsiv und speist sich aus alten Glaubenssätzen. Wenn du in deiner Kindheit immer zur Vorsicht ermahnt wurdest, wird deine innere Stimme das auch tun. Wurdest du regelmäßig verbal abgewertet, übernimmt im Erwachsenenalter deine innere Stimme diesen Part. Achte darauf, wie du mit dir sprichst. Wie bewertest du deine Handlungen? Unterbinde innere Kritik an dir.

ANLEITUNG

Setze deiner alten, negativen Stimme eine positive Stimme entgegen. Was ist die häufigste Botschaft deiner inneren Stimme? Sage dir beispielsweise «ich darf» nicht «ich muss», «ich kann alles schaffen, was ich will» oder «Ich finde immer eine gute Lösung für ein Problem». «Muss» klingt nach Zwang und Druck. Es klingt nach einer schweren Aufgabe statt nach Leichtigkeit und etwas Schönem. Bereits das Wort bereitet uns innerlich Stress. Ein Darf-Satz hört sich nach einer bewussten Entscheidung und nicht mehr nach Zwang an. Werde zu deinem Freund, statt dein härtester Kritiker zu bleiben. Wenn du möchtest, kannst du die wichtigste innere Aussage ausdrucken oder besonders schön aufschreiben und so anbringen, dass du sie regelmäßig siehst.

ZUBEHÖR

Gegebenenfalls ein Drucker oder Stift und Papier.

☐ AUSPROBIERT

TIPP 44

Mein Mantra

#MINDSET MAGISCHE FORMEL

Das Wort «Mantra» stammt aus dem Hinduismus und dem Buddhismus und bedeutet «magische Formel». Ein Mantra soll dich inspirieren und dir Kraft und Zuversicht schenken. Es soll dich ansprechen und dich fokussieren. Ein Mantra kann sich je nach Lebensphase ändern. Tausche dein Mantra, wenn es dich nicht mehr anspricht, denn nur so kann es seine Wirkung entfalten und dich in deiner Entwicklung unterstützen. Mantras arbeiten mit deinem Gehirn: Was du denkst, wird Stück für Stück wahr. Ein kraftvolles Mantra stärkt dich dementsprechend durch seine Wiederholung.

ANLEITUNG

Schreibe dir einen Leitsatz auf, der für dich stimmt und dich anspricht. Beispiele können sein: «Es ist, wie es ist», «Alles, was ich erlebe, lässt mich wachsen», «Ich bin dankbar für die Freude in meinem Leben», «Ich bin genug», «Ich organisiere mich so, dass ich in der Freude und Kraft bleibe und lasse los, was mich daran hindert». Was möchtest du in deinem Leben mit deiner magischen Formel ändern? Was brauchst du aktuell? Richte dein Mantra anhand dieser Bedürfnisse aus.

BASTELTIPP

Wenn du ein Mantra entdeckst, das dich stark anspricht, schreibe es dir besonders schön auf. Oder drucke es aus und hänge es in einem besonderen Bilderrahmen an einem für dich wichtigen Ort auf.

VARIANTE 2: T-SHIRT SPRUCH

Entwirf hierfür dein eigenes Statement-T-Shirt. Nutze einen prägnanten Satz, der deine Einstellung perfekt ausdrückt und dich repräsentiert. Hierbei darfst du kreativ und witzig sein – es soll zu dir passen, und es gibt kein Richtig oder Falsch. Zum Beispiel könnte auf deinem Shirt stehen: «Ich rege mich nicht auf, denn es spielt keine Rolle», «Coolste Mama der Welt», «Queen of Everything», «Nie ohne mein Team», «Heute einfach Nein» oder «Karma regelt das».

VARIANTE 3: SPIEGLEIN, SPIEGLEIN ...

Wähle etwas Persönliches, z. B. «Du bist ein wunderbarer Mensch», «Du bist außerordentlich», «best mama ever», «siehst du Heute wieder hübsch aus» oder «Das Schönste, was du trägst, ist dein Lächeln». Schreibe diesen Satz direkt auf deinen Spiegel. Nutze Lippenstift oder einen Fenstermalstift. Sonst sind kleine Post-its geeignet, die du schnell austauschen kannst, wenn du eine neue Botschaft brauchst.

Denk dir einen passenden Spruch für dich aus. Was spricht dich besonders an? Wie siehst du dich und deine Rolle? Welcher Spruch lässt dich lächeln?

ZUBEHÖR

Zettel und Stift.

VERWIRKLICHE DEIN T-SHIRT

☐ AUSPROBIERT

EIN Tabu!

Wie wir uns als Mama fühlen, ist noch immer ein Tabu. Wenn ich formuliert habe, dass ich mich einsam fühle, kam reflexartig: «Aber du hast doch dein Baby.» – Das stimmt, aber den ganzen Tag für ein Baby da zu sein, lässt einen andere Erwachsene manchmal sehr vermissen. Und manchmal könnte man sein Baby auch schlicht auf den Mond schießen – bei all meiner Liebe sind die Nerven doch endlich. Aber aussprechen darf eine liebende Mama solche Fantasien selten. Dabei bin ich mir sicher, dass sie bei uns allen zumindest einmal kurz aufblitzen.

Habe ich gesagt, dass ich mich überfordert fühle, kam rasch: «Aber du wolltest doch unbedingt ein Kind.» Oder: «Du wolltest das zweite Kind doch.» – All das stimmt, trotzdem kamen Situationen, die ich mir nicht gewünscht habe und auf die ich nicht vorbereitet war.

Über deine Sorgen und Ängste mit verständnisvollen Menschen zu sprechen, über absurde Situationen zu lachen und Zuspruch zu bekommen, ist wichtig. Trau dich also, das Tabu zu brechen. Sprich mit anderen darüber, wie es dir geht. Du wirst überrascht sein, wie viele Mamas deine Gefühle teilen. Jede von uns braucht ein starkes Netzwerk – bau es dir mit Ehrlichkeit auf.

DEINE Rettungsweste ZUERST!

Im Kleinen kannst du das bereits beim Baby merken: Bist du aufgeregt, kann dein Baby sich auch nicht beruhigen und findet kaum in den Schlaf. Gerade für Eltern mit sogenannten Schreibabys ist das eine große Herausforderung. Bevor sie ihrem Baby Ruhe schenken können, müssen sie zunächst selbst ihre Ruhe wiederfinden – was nach vielen Schreistunden als Begleitperson eine riesige Herausforderung ist. Der Tipp aus Schreiambulanzen lautet daher immer wieder: Wenn du spürst, dass du dich nicht beruhigen kannst, leg das Baby sicher ab, verlass den Raum und hol tief Luft. Erst wenn du deine Emotionen wieder im Griff hast, gehst du zurück zum Baby. – Das hört sich für dich vielleicht grausam an, aber es ist ein sinnvoller Schutz vor emotionalen Überreaktionen auf Elternseite. Wenn du dich nicht um dich kümmerst, kannst du dich nicht um andere kümmern. Denk in diesen Situationen an den Grundsatz aus Rettungssituationen: zuerst deine Rettungsweste, dann die des Kindes. Das ist nicht egoistisch, sondern klug. Du rettest niemanden, wenn du dich nicht zuerst selbst rettest.

KAPITEL

DEN Perfektionismus BESIEGEN

Eine der größten Stressfallen im Leben ist der eigene Perfektionismus. Achte mal sehr genau auf dich: Möchtest du es immer allen recht machen? Sollen deine Aufgaben immer perfekt erledigt sein? Setzt dein Anspruch dich unter Druck?

Oft genug steht hinter einem ausgeprägten Perfektionismus keineswegs die Freude an der Tätigkeit, sondern die Angst davor, abgelehnt und kritisiert zu werden. Sei daher achtsam in Bezug auf deine Motivation und lasse sie weniger von außen und dem Wunsch nach Anerkennung bestimmt sein. Achte darauf, dass du dir keinen zusätzlichen Druck machst. Es ist oft gut genug, wie es ist.

TIPP 45

Wäschetag auf den Kopf stellen

Du entwickelst als Mama langsam eine echte Wäschephobie? Wer nicht? Bereits mit einem Baby fällt deutlich mehr Wäsche an als zuvor. Und sobald die Kinder in der Sandkiste spielen, trocken werden, selbstständig essen und sportliche Hobbys für sich entwickeln, wird das nicht besser. Ja, es ist wichtig, dass Kinder saubere und heile Anziehsachen tragen. Aber mach dir die Arbeit so leicht wie möglich, indem du z. B. bereits beim Kauf der Alltagssachen deiner Kinder auf Materialien achtest, die robust und pflegeleicht sind. Das wird dir das Leben enorm erleichtern.

ANLEITUNG

Falls du keine besondere Genugtuung beim Bügeln empfindest, musst du viele Kleidungsstücke wirklich nicht bügeln. Besondere Hosen und Blusen von dir – ja, die vielleicht. Aber bei den Kindersachen überlebt die Mühe mit dem Bügeln oft nicht einmal die Zeit im Kleiderschrank, wenn deine Kinder sich auch selbst bedienen sollten. Nutze einen Wäschetrockner für Wäsche, die getrocknet werden darf, und spar dir damit die Zeit des Auf- und Abhängens. Vielleicht kannst du deine Kinder auch beim Zusammenlegen ihrer Sachen anleiten und sie räumen ihre Wäsche selbstständig in ihre Schränke. Das kostet zunächst mehr Zeit, lohnt sich aber mit den Jahren. Wo, glaubst du, kannst du noch Zeit einsparen?

ZUBEHÖR

Nichts.

☐ AUSPROBIERT

TIPP 46

Aufräumzeiten

#FLYLADY

Bist du bei euch in der Familie auch die letzte Frau für alles? Räumst du den Müll weg oder die Gläser ab? Stellst du die Spiele und Bücher zurück an ihren Platz? Bist du die Einzige, die weiß, wo die Mützen sind? Das Hinterherräumen kann enorm stressen und für viel schlechte Laune sorgen. Aufräumexperten raten Familien dazu, jeden Tag 15 Minuten ins Aufräumen zu investieren und sich damit das große Chaos zu sparen.

ANLEITUNG

Binde deine Kinder von Anfang an ein. Damit sie mithelfen können, brauchst du Boxen, die das Sortieren erleichtern, und die Gegenstände brauchen einen festen Platz. Wähle jeden Tag einen festen Zeitpunkt fürs Aufräumen.

Lass deine Kinder sich austoben und spielen. Halte dich zurück, alles sofort für sie wegzuräumen. Stell stattdessen beispielsweise eine Eieruhr, und ab dem Moment räumt ihr alle für 15 Minuten auf. Ein guter Zeitpunkt ist rund ums Abendbrot. Wenn du deine Kinder einbeziehst, wächst auch ihr Verantwortungsgefühl für euer Zuhause.

ZUBEHÖR

Gegebenenfalls eine Eieruhr.

YOUTUBE
FLYLADY METHODE

☐ AUSPROBIERT

EXTRA-TIPP

Hilfreich ist die «Flylady» Methode (siehe QR-Code). Sie wurde von Marla Cilley erfunden. Diese Putzroutine kann je nach Bedürfnisse und Alltag angepasst werden.

TIPP 47

Aus den Augen, aus dem Sinn

RUMPELKISTE

Bei uns haben das Wohnzimmer und der Küchentisch eine magische Anziehungskraft für alles Mögliche – Spielsachen, Schulunterlagen, Kunstwerke sowie gesammelte Steine und Stöcker landen garantiert dort. Leider bleiben sie da dann auch liegen, als ob sie jetzt dort wohnen würden. Beim Aufräumen wusste ich lange nicht, was ich damit machen sollte. Ich habe mich geärgert und viele Sachen rigoros entsorgt. Bei einigen ist das sicher auch der richtige Umgang, aber z. B. Spielsachen und Schulunterlagen habe ich pflichtschuldig hinterhergetragen – bis ich die wunderbare Rumpelkiste kennengelernt habe. Die Rumpelkiste ist ein Trick von Aufräumexperten, der wahre Wunder wirkt.

ANLEITUNG

Du stellst eine schöne, nicht durchsichtige Kiste an einen zentralen Ort in eurem Wohnraum. Alles, was rumliegt, kommt in diese Kiste. Wenn jemand etwas sucht, kann er in dieser Kiste danach Ausschau halten. So bleibt einerseits der Wohnbereich zu jeder Zeit aufgeräumt und andererseits stehst du nicht in der Verantwortung für die achtlos abgelegten Sachen. Je nach Füllzustand solltest du alle zwei bis vier Wochen den Kram in der Rumpelkiste mit der Familie sortieren.

ZUBEHÖR

Eine schöne Kiste.

☐ AUSPROBIERT

CIAO Kontrolle!

Gerade als Mama fällt es uns schwer, Dinge loszulassen. Doch es gibt Sachen, auf die du keinen Einfluss hast, denn mit Kindern kannst du nicht alles lenken und planen. Nimm z. B. die Eingewöhnung deines Kindes in die Krippe oder in den Kindergarten. Du sprichst dich hierfür mit der Einrichtung und deinem Arbeitgeber ab. Wenn es möglich ist, baust du dir einen kleinen Zeitpuffer ein. Jetzt wird aber dein Kind in der ersten Woche der Eingewöhnung krank. Also müsst ihr sie unterbrechen, und nach dem Neustart gefällt es deinem Kind gar nicht mehr in der Einrichtung. Dein Zeitpuffer schwindet und du bekommst Stress.

Gerade in so einer Zeit ist es wichtig, schnell mit den entsprechenden Stellen – in dem Fall deinem Arbeitgeber – offen zu sprechen und den Druck rauszunehmen. So schwierig es ist: Du hast über vieles keine Kontrolle. Je mehr du loslässt und Gelassenheit ausstrahlst, desto mehr entspannen sich viele Situationen.

Akzeptiere, dass die Situation sich anders entwickelt. Mit wem musst du ggf. sprechen? Erledige das sofort, damit der Druck von außen nicht zu groß wird.

« PERFEKTION macht nicht GLÜCKLICH ABER glücklich sein IST PERFEKT »

Unbekannt

KAPITEL

NEUE Wege für die BEZIEHUNG

Wenn ihr als Paar Eltern werdet, ändert sich für jeden von euch individuell viel. Zugleich wird auch für euch als Paar vieles anders. Meine Frauenärztin sagte mir am Ende meiner ersten Schwangerschaft: «Und jetzt genießen Sie noch die Zeit mit Ihrem Partner. Sie werden ihn nie wieder für sich allein haben.» Wie es bei diesen Ratschlägen oft so ist, habe ich mir nur gedacht: «Ich will jetzt aber endlich mein Baby und nicht mehr schwanger sein.» Außerdem denke ich, dass es für euch als Paar wichtig ist, auch mit Baby oder Kleinkind einen Weg zu finden, wie ihr nur als Paar Zeit miteinander verbringen könnt. Im Familienalltag bleibt wenig Zeit für Gespräche oder Intimität. Das ist für eine Phase oder immer mal wieder mit Sicherheit okay und gehört dazu. Aber langfristig kann das dazu führen, dass ihr zu wenig im Dialog miteinander seid. Dann verliert ihr aus den Augen, was euch wichtig ist und wie eure Bedürfnisse aussehen. Dem könnt ihr bereits mit einem Ritual wie einer entspannten Tasse Kaffee am Samstagmorgen entgegenwirken. Oder ihr geht einmal im Monat miteinander aus. Überlegt euch, was bei euch ins Familienleben und zu euch als Paar passt. Wenn es euch gelingt, neugierig aufeinander zu bleiben, und ihr euch kleine Inseln in eurem Familienleben nur für euch als Paar schafft, sorgt ihr für größeres Glück miteinander.

TIPP 48

Liebevolle Botschaften

Rituale wie kleine liebevolle Botschaften sorgen für eine positive Grundstimmung zwischen euch. Das kann ein kleines Post-it mit einem aufgemalten Herz im aktuellen Buch deines Partners sein. Oder du schreibst ihm einen kleinen Liebessatz und legst den Zettel gefaltet in sein Portemonnaie. Diese liebevollen Botschaften sollen mit einem Mal im Alltag auftauchen und dort daran erinnern, wie wichtig ihr euch gegenseitig seid.

ANLEITUNG

Überlege dir Orte, an denen du Botschaften für deinen Partner verstecken könntest. Nimmt er jeden Tag eine Brotdose mit zur Arbeit? Oder hat er einen Laptop, mit dem er arbeitet? Die Botschaften dürfen auch erst nach ein paar Tagen entdeckt werden. Schreibe kleine Nachrichten auf, male Herzen oder erinnere dich vielleicht auch an besondere Szenen und Sprüche zwischen euch und bringe diese zu Papier. Gerade solche Insider führen in Alltagssituationen zum größten Lächeln beim Gegenüber.

ZUBEHÖR

Kleine Zettel oder Post-its und Stifte.

☐ AUSPROBIERT

TIPP 49

Schafft Raum und Zeit für euch

Als Paar seid ihr das Herzstück der Familie. Paare, die sich als Team verstehen, sorgen besser füreinander. Bei glücklichen Paaren findet sich eine gesunde Mischung aus Selbstfürsorge und Fürsorge. Jeder gibt dem anderen Raum und nimmt sich auch Zeit für sich. Das kann beispielsweise ein Hobby einmal in der Woche sein oder ein Treffen mit Freunden. Eine wöchentliche Auszeit von der Familienrolle schenkt euch neue Energie. Nehmt euch diese Zeit. Entweder schaut der Partner auf die Kinder oder jemand aus eurer «Allianz» (siehe Seite 123), damit ihr etwas zu zweit unternehmen könnt. Denn auch diese Zeit ist wichtig, in der ihr euch nicht nur über Familienangelegenheiten unterhaltet und Absprachen für den Alltag trefft, sondern euch auch mal wieder anders und entspannt begegnet.

ANLEITUNG

Führt einen Familienkalender, den alle nutzen. Tragt hier eure feste Me-Time ebenso wie eure Paartermine ein. Selbstverständlich gehören da auch alle restlichen Termine rein. Entscheidend ist, dass ihr es auf schwarz auf weiß habt. Organisiert euch Helfer, damit ihr das Notierte auch umsetzen könnt. Wenn mal ein Termin nicht einhaltbar ist, holt ihn einfach nach.

ZUBEHÖR

Ein Familienkalender, den ihr als Paar/Familie gemeinsam führt.

BEISPIEL
WOCHENPLANER
MAGNETISCH*

TIPP

Um nachhaltig zu leben, könnt ihr euch auch einen magnetischen Wochenkalender mit abwischbaren Stiften zulegen.

☐ AUSPROBIERT

TIPP 50

Wenn du wüsstest...

#ACHTSAMKEIT

Zärtlichkeiten und Intimität sind wichtig für eine Beziehung. Denn nur so bleibt eure Liebe neben eurer Elternbeziehung eine romantische und sexuelle Liebe. Setz dich hiermit aber nicht unter Druck und achte auf das, was du möchtest. Nimm dir Zeit, deine Bedürfnisse nach der Schwangerschaft, Stillzeit etc. kennenzulernen. Sexualität und Bedürfnisse verändern sich. Das bietet für euch als Paar jedoch auch die Chance, euch immer wieder neu kennenzulernen. Bleib neben deiner Rolle als Mutter eine Frau. Was könnte z. B. intimer und weiblicher sein als unsere Lieblingsunterwäsche, mit der wir uns schöner und begehrenswerter fühlen? Zieh dich an manchen Tagen besonders an. Tu das für dich. Wenn du deinem Partner einen Hauch deiner Unterwäsche zeigen oder ihm davon erzählen möchtest: Mach das!

ANLEITUNG

Zieh deine schönste Unterwäsche unter deine Kleidung. Nimm bewusst wahr, wie sie sich anfühlt. Wenn du in Stimmung bist, lass es deinen Partner wissen, und mach es zu einem «Vorspiel» der besonderen Art zwischen euch.

ZUBEHÖR

Spitzenunterwäsche oder generell Unterwäsche, in der du dich sexy fühlst.

☐ AUSPROBIERT

TIPP 51

Wieder mal Reibungen?

Der Alltag als Familie ist eine Herausforderung, sowohl für jeden einzeln als auch für euch als Paar. Da kommt es zwangsläufig zu Spannungen und Streit. Häufig sind es Kleinigkeiten, die heftige Streitigkeiten auslösen können. Hinter all dem steht oft genug, dass wir bei all dem Stress den Kontakt zueinander verlieren. Wir sehnen uns nach Liebe und Aufmerksamkeit – und holen uns das über Streit. Achte bei euren Streitigkeiten einmal darauf, wie es dir innerlich geht. Fühlst du dich ungesehen oder ausgelaugt? Wünschst du dir eigentlich eine Umarmung? Sobald du feststellst, dass es dir gerade eigentlich um ein körperliches Bedürfnis geht, wechsle auch auf diese Ebene. Probiert aus, was für euch funktioniert, wenn ihr die Stimmung wechselt.

ANLEITUNG

Geht vom Streit ins Spiel!. Stellt euch beispielsweise Rücken an Rücken und reibt euch. Danach führt einer von euch und der andere gibt nach. Macht das im Wechsel und spürt, wie ihr euch fühlt. Super ist auch, wenn die Kinder zuschauen oder mitmachen.

Wenn sich das für euch komisch anfühlt, nehmt euch lange und richtig in den Arm. Schaut euch tief in die Augen und spürt bewusst eure Liebe in dieser Nähe.

ZUBEHÖR

Nichts.

☐ AUSPROBIERT

TIPP 52

Magie

Gerade in langen Partnerschaften wird mit der Zeit alles selbstverständlich – also alles, was positiv ist. Während nämlich die Stärken des Partners im Alltag untergehen, werden die Schwächen immer sichtbarer. Das gilt insbesondere in der anstrengenden Phase mit kleinen Kindern. Dein Partner ist dann nicht mehr der lustige Mensch, sondern der Typ, der permanent seine dreckigen Socken auf der Couch liegenlässt. Hierbei möchte ich keineswegs sagen, dass die herumliegenden Socken nicht nerven. Aber die Gewichtung ist oft schwierig. Niemand besteht nur aus schmutzigen Socken und nervigem Verhalten, und trotzdem ist das oft einzige Thema in langen Beziehungen. Dieser Filter führt zu immer größerer Unzufriedenheit und erschwert das Zusammenleben. Die größte Liebe kann Stück für Stück verschwinden, wenn wir uns nicht mehr liebevoll anschauen, sondern uns gegenseitig als Verursacher unseres Stresses betrachten.

ANLEITUNG

Erinnere dich an die Zeit, in der ihr euch kennengelernt habt. Warum seid ihr zusammengekommen? Was war für dich an deinem Partner so besonders? Welche Gefühle hattest du? Beschwöre diese besondere Magie des Anfangs herauf. Wenn du magst, schreib es auf. So kannst du es das nächste Mal lesen, wenn du eine kleine Erinnerung an eure Paar-Magie brauchst. Bringe eure Liebesgeschichte zu Papier oder sprich darüber.

ZUBEHÖR

Gegebenenfalls ein Notizheft oder ein Blatt Papier und ein Stift.

☐ AUSPROBIERT

TIPP 53

Klare Ansage

Was sich wie ein Klischee liest, ist leider wahr: Vieles im Alltag zwischen Mann und Frau wird durch unglückliche Missverständnisse verursacht. Oftmals befinden wir uns auf verschiedenen Kommunikationsebenen und sind irritiert – okay, sehr verärgert – über die Reaktionen. Ein klassisches Beispiel wäre, wenn du deinem Partner von einer Situation erzählst, weil du dir Verständnis wünschst. Statt dir einfach zuzuhören, kommt er jedoch mit einer Lösung. Und schon kann sich der schönste Streit entwickeln, weil du deine Kompetenz untergraben siehst – schließlich kannst du dir als selbstständige Frau allein eine Lösung überlegen. Seine Reaktion zeigt dir außerdem, dass er dich gar nicht sieht und null Verständnis für dich hat. Und er wiederum begreift gar nicht, warum du angegriffen bist, denn schließlich hat er doch nur gemacht, was er sollte: ein Problem für dich gelöst.

Du vermeidest viel unnötigen Stress, wenn du an der Klarheit deiner Kommunikation arbeitest, indem du in Ich-Sätzen sprichst und deine Bedürfnisse deutlich formulierst. In der obigen Situation wäre das vorweg die Ansage «Ich möchte keine Lösung, sondern brauche jetzt dein Verständnis dafür, wie schwierig es für mich war».

ANLEITUNG

Überlege, in welchen Situationen ihr standardmäßig aneinander vorbeiredet. Worum geht es dir da? Welche deiner Bedürfnisse bleiben ungesehen? Überlege dir Sätze, wie du diese Bedürfnisse für deinen Partner klar benennen kannst. Schreibe dir vielleicht sogar Standardsätze auf, damit du in der akuten Situation deutlich sprechen kannst. Oft ist das gerade dann nämlich gar nicht so leicht.

ZUBEHÖR

Gegebenenfalls Zettel und Stift.

☐ AUSPROBIERT

KAPITEL

ORGANISATION ist das A UND O

Wie bei jedem Alltag mit vielen Anforderungen, ist für eine Familie die Organisation entscheidend. Feste Strukturen und eine kluge Aufteilung helfen dir, den Alltag besser zu bewältigen. Aber achte auch hierbei darauf: Ja, es ist wichtig, sich zu organisieren. Aber das ist nicht allein deine Aufgabe und du musst es nicht perfekt schaffen. Du darfst dir Hilfe holen. Nutze bei der Organisation eine Struktur, die euch viel Automatisierung bietet. Mit einem festen Essensplan spart ihr euch beispielsweise stressige Spontaneinkäufe und Zeit. Je nach Wohnort könnt ihr euch den großen Wocheneinkauf oder die Basics alle zwei Wochen liefern lassen. Versuche gar nicht erst, perfekt zu sein, denn Kinder bedeuten immer Chaos.

TIPP 54

Vorbereitung auf den neuen Tag

Ein Morgen mit kleinen Kindern läuft nie nach Plan. Während ein Kind vielleicht besondere Kuscheleinheiten braucht, ist das andere stinkig. Gleichzeitig musst du noch so viel erledigen, damit ihr überhaupt das Haus verlassen könnt. Umgehe das durch eine gute Vorbereitung des Morgens. So gewinnst du Zeit, um morgens spontan auf Befindlichkeiten reagieren zu können. Leg Anziehsachen heraus und bereite alles vor, was sich vorbereiten lässt. So kannst du ruhiger bleiben und dich auf deine Kinder einlassen, denn nichts wirkt so verstärkend an einem schwierigen Morgen wie ein Elternteil, das Stress hat.

ANLEITUNG

Überlege dir, was du am Vorabend vorbereiten kannst. Lässt sich das Frühstück für die Kinder schon bereit stellen? Leg die Anziehsachen raus und pack deine Tasche für den nächsten Tag. Welche Termine hast du? Welche Unterlagen brauchst du hierfür? - Bereite alles vor, anstatt es in letzter Sekunde zusammenzusuchen.

Gib außerdem je nach Alter deiner Kinder einen Teil der Vorbereitung ab. Die Schulsachen können am Vortag gepackt werden. Auch die Turnsachen können sie bei Bedarf schon dazuhängen oder die Tasche für das Hobby am Nachmittag packen, denn sonst wird es zu deiner Aufgabe.

ZUBEHÖR

Nichts.

☐ AUSPROBIERT

TIPP 55

1-Mal-anfassen-Regel

Achte einmal bewusst darauf, wie oft du Gegenstände in deinem Alltag anfasst, wieder ablegst und dann wieder in die Hand nimmst. Ordnung und Struktur helfen Familien im Alltag enorm. Wenn du dich zu mehr Effizienz «erziehst», sparst du langfristig Zeit und Nerven. Erledige Dinge sofort und räume Sachen direkt weg, statt sie irgendwo abzulegen.

ANLEITUNG

Achte heute einmal bei allem, was du anfasst, genau darauf, wie du damit umgehst. Wenn du beispielsweise die Schere holst, um etwas an der Kleidung deiner Kinder abzuschneiden, legst du sie direkt zurück. Du packst gerade die Wickeltasche und dir wird etwas zugerufen? Bringe deine begonnene Arbeit erst zu Ende und gehe erst danach in die nächste Situation. Das gilt natürlich nicht für Notsituationen, aber du erleichterst dir deinen Alltag enorm, wenn du nicht mehr jeden Arbeitsschritt unterbrichst, sobald jemand nach dir ruft. Denn sonst hast du am Ende zig angefangene Aufgaben und weißt gar nicht mehr, was du wann gemacht hast und was du noch erledigen musst. Deine Kinder werden das von dir lernen und auch für sich übernehmen.

Und, wie geht es dir damit?

ZUBEHÖR
Nichts.

☐ AUSPROBIERT

TIPP 56

Meine Allianzen

Schreibe dir 10 Namen auf und überlege, wer was übernehmen könnte. Wer könnte spontan einspringen? Mit wem lässt sich regelmäßig planen? Denke auch an Notfälle, falls du einmal gesundheitlich ausfallen solltest. Hierbei ist wichtig, Hilfen anzunehmen und auch einzufordern. Wer sich zusammentut, gewinnt am Ende.

Des Weiteren gibt es auch Hilfsorganisationen, die z. B. Babysitter, Hilfe im Alltag anbieten, oder auch mit finanziellen Mitteln unterstützen. Informiere dich in deiner Umgebung und erstelle deine persönliche Liste.

ZUBEHÖR
Stift.

MEHR WISSEN

	Name	Tätigkeit
1		
2		
3		
4		
5		
6		
7		
8		
9		
10		

☐ AUSPROBIERT

Mehr zu: Meine Allianzen

Jede Familie braucht ein tragfähiges Netzwerk, damit der Alltag sie nicht erschlägt. Bau dir diese Allianzen langsam auf und trau dich, Hilfe anzunehmen. Das Nachbarskind geht in den gleichen Kindergarten? Warum bringt und holt ihr nicht abwechselnd ab? Bei euch leben Großeltern oder Tanten oder Onkel in der Nähe? Vielleicht können sie ein Hobby am Nachmittag begleiten? Wer könnte helfen, wenn du krank bist? Gibt es jemanden, der einspringen kann, wenn du dich verspätest? Gibt es Paten oder andere Freunde, die vielleicht besondere Sachen mit dem Kind oder den Kindern unternehmen möchten? Sprich mit anderen Eltern, wie es ihnen geht – auch so bilden sich Allianzen, beispielsweise für Gänge auf den Spielplatz, zum Turnen oder zum Schwimmkurs. Liste alle Menschen in deiner Umgebung auf, die dein Netzwerk bilden. Welche Mütter bieten sich als besondere Allianzpartner an? Denk außerdem daran, dass ihr die Zuständigkeiten innerhalb der Familie aufteilt. Du bist nicht die Ansprechpartnerin für alles und du musst nicht alle und alles organisieren. Papa ist genauso zuständig wie du. Zusätzlich lautet ein Grundsatz: Was du selbst tun kannst, tust du selbst, aber nimm deinen Kindern nicht alles ab. Rucksack packen und tragen, das Fahrrad putzen, den Geschirrspüler ausräumen – was du ihnen jetzt an Verantwortungsgefühl vermittelst, zahlt sich später aus. Sprecht ehrlich miteinander über die Aufgaben der nächsten Zeit und teilt sie untereinander auf.

TIPP 57

Keine Überraschungen

Vielleicht kennst du das bereits: Einladungen zu Kindergeburtstagen kommen entweder sehr spontan oder haben sich über längere Zeit im Rucksack des Kindergartenkindes versteckt. Auch im Schulranzen lauern sie gerne und springen dann einen Tag vor der Feier aus dem Hinterhalt hervor. Malte-Paul-Rebecca-Kerstin feiert Geburtstag, es geht um 11 Uhr am Samstag los und ist am anderen Ende der Stadt. In der Regel hast du am Freitag noch zig Termine und kaum Zeit, ein Geschenk zu kaufen. Außerdem gehört eine gewisse Risikofreude dazu, an einem Freitagnachmittag mit seinen Kindern in ein Spielzeuggeschäft zu gehen, wenn die Nerven eh schon blank liegen. Hier kannst du mit einem kleinen Vorrat an alterstypischen Geschenken Abhilfe schaffen und in Zukunft entspannt auf spontane Einladungen reagieren.

ANLEITUNG

Kaufe innerhalb der nächsten Zeit einen kleinen Vorrat an Geschenken für Jungen und Mädchen im Alter deiner Kinder. Ideal sind schöne Bücher oder vielleicht ein lustiges Spiel. Bei Kindergartenkindern kannst du als kleines Extra einen duftenden Badezusatz oder einen bunten Flummi dazugeben.

ZUBEHÖR

Schöne Geschenke, Geschenkpapier und kleine Extras.

☐ AUSPROBIERT

TIPP 58

Kleider Vorrat

Manchmal scheinen Kinder über Nacht plötzlich zu wachsen und nichts passt mehr. Wenn du dann in letzter Sekunde einkaufst, hast du nicht nur richtig Stress, sondern gibst oft auch mehr Geld aus. Schließlich hast du keine Zeit, Preise zu vergleichen oder länger zu schauen. Nutze daher regelmäßig die Ferien für eine Kleiderschrankinventur und lege dir einen gewissen Vorrat an. Dann kannst du schnell reagieren und sparst dir Stress.

ANLEITUNG

Kaufe ein paar leichte und gut kombinierbare Kleidungsstücke in einer größeren Größe. Sie sollten nicht zu sehr zu einer Jahreszeit passen, da sie sich ansonsten schnell als Fehlkauf herausstellen können. Ideal sind auch Anziehsachen, die ein bisschen mitwachsen. Bei Mädchen sind z. B. leichte Tuniken praktisch. Jeans gehen in allen Jahreszeiten sowohl für Jungen als auch für Mädchen. Leichte Langarmshirts eignen sich ideal für den Kleidervorrat, da sie an kühlen Sommertagen und auch im Winter kombiniert funktionieren. Ideal sind auch Übergangsschuhe in einer größeren Größe, bei denen du auch auf gebrauchte Schuhe zurückgreifen kannst. Gerade kleine Kinder tragen ihre Schuhe nicht so lange, dass sie ausgelatscht und für den Weiterverkauf ungeeignet wären. Generell ist es empfehlenswert, bei gebrauchter Kleidung zu schauen. Häufig wurden die Sachen selten getragen und du sparst viel Geld mit hochwertiger Kindermode aus zweiter Hand.

ZUBEHÖR

Kleidung auf Vorrat und etwas Zeit zum Einkaufen.

☐ AUSPROBIERT

TIPP 59

Spielsachen auswechseln

Obwohl das Kinderzimmer voller Spielzeug ist, findet dein Kind nichts zum Spielen? Zu viele Spielsachen zu haben, kann sich negativ auf die Kreativität von Kindern auswirken. Gerade wegen der großen Auswahl wissen sie nichts mehr mit sich anzufangen und langweilen sich. Und sobald dein Kind sich langweilt, stresst es dich. Wenn du bei deinem Kind bemerkst, dass es oft nichts mit sich anzufangen weiß, wirf einen genauen Blick ins Kinderzimmer. Was interessiert dein Kind gerade wirklich? Das bleibt dort. Alles andere Spielzeug verschwindet sortiert in Kisten im Keller oder auf dem Dachboden. Kinder im Kindergartenalter vergessen, was sie länger nicht gesehen haben, und freuen sich hinterher umso mehr über das «neue» Spielzeug, wenn du es wieder herausholst.

ANLEITUNG

Sortiere großzügig im Kinderzimmer aus und lasse nur gut ein Drittel des vorhandenen Spielzeugs dort. Wenn du merkst, dass sich das Interesse deines Kindes verändert, tausche das Spielzeug im Zimmer aus. Trenn dich bei dieser Gelegenheit auch von Spielzeug und Büchern für kleinere Kinder.

Ein zusätzlicher Bonus ist, dass es mit weniger Sachen im Kinderzimmer viel leichter wird, dort Ordnung zu halten. Außerdem können Kinder in einem strukturierten Kinderzimmer besser spielen.

ZUBEHÖR

Kisten für das Spielzeug.

☐ AUSPROBIERT

TIPP 60

Me-Time

Du hast im Alltag manchmal das Gefühl zu platzen? Oder deine Ohren pfeifen? Sorge unbedingt für regelmäßige Momente, die du allein für dich hast. Das können auch nur 5 Minuten sein. Hier helfen wiederkehrende Rituale, damit deine Kinder diese Me-Time akzeptieren. Definiere einen Ort oder eine Zeit im gemeinsamen Alltag, an dem bzw. zu der du nicht ansprechbar bist. **Das kann das Badezimmer sein** oder während du ein Buch liest oder einen Kaffee auf einem bestimmten Sessel im Wohnzimmer trinkst. Hierbei kannst du z. B. ein Glas für deinen Kaffee nutzen, so dass dein Kind sehen kann, wann der Kaffee leer ist. In dieser Zeit wirst du nicht angesprochen – außer im Notfall natürlich. Auch wenn du die Me-Time nicht beanspruchst, ist es immer gut zu wissen, dass du einen Joker im Ärmel hast.

ANLEITUNG

Wenn deine Kinder bereits lesen können, bastle mit ihnen ein Türschild. Überlegt euch eine Aufschrift wie «Mama hat Pause» oder «Mama-Auszeit». Mit Kindern, die nicht lesen können, malst du ein Bild, beispielsweise eine Hängematte am Strand. Oder du planst deine Me-Time fest in der Woche ein und kommunizierst dies in der Familie. Eine gute Balance ist perfekt. Für kleine spontane SOS-Pausen benötigst du das «Mama-Auszeit»-Türschild, und du hast deine fixen Me-Time-Zeiten auf deinem Wochenplan. Ganz wichtig: Du darfst dir die Auszeit nehmen und es soll auch machbar sein. Falls du mehr Zeit benötigst, bringe deine Allianzen ins Spiel.

Auch deine Kinder brauchen vielleicht einmal eine Auszeit – vielleicht mögen sie auch ein Schild für sich basteln!

ZUBEHÖR

Etwas zum Malen, Pappe für das Schild und ein Faden zum Aufhängen.

☐ AUSPROBIERT

TIPP 61

Zeitpuffer einplanen

Achte bei deiner Tagesplanung darauf, dass du auch Pausen hast. So gerätst du nicht sofort in Panik, wenn sich etwas verschiebt, und du kannst zwischendurch durchatmen. Plane großzügiger und du kommst entspannter durch deinen Tag.

ANLEITUNG

Wenn du deine nächsten Tage planst, baue einen Puffer von einer halben Stunde ein. Bei weiten Strecken zwischen den Treffen vergrößerst du den Puffer entsprechend. Im schlimmsten Fall kannst du die so gewonnene Zeit zur Me-Time umwandeln. Mit einem geplanten Zeitpuffer gewinnst du in jedem Fall.

ZUBEHÖR

Dein Wochenplaner.

☐ AUSPROBIERT

TIPP 62

Morgenstund hat Gold im Mund

In einem Kinderbuch von mir hieß es: «Die Minuten, die du am Morgen verträumst, du kriegst sie nicht wieder. Du hast sie versäumt.» Auch wenn ich finde, dass manche Tage unbedingt verträumt beginnen sollten, ist es an vollen Tagen gut, sie entspannt zu starten. Steh lieber ein bisschen früher auf, trink deinen ersten Kaffee oder Tee noch in Ruhe und starte mit besserer Laune in den vollgepackten Tag. Geschieht dann etwas Unvorhergesehenes, vermeidest du das Gefühl, dem Tag hinterherzulaufen wie das weiße Kaninchen aus Alice im Wunderland.

ANLEITUNG

Stehe in Zukunft eine Stunde vor den Kindern auf. Während dieser Stunde hast du Zeit für dich. Nutze sie für etwas, was dir guttut. Das kann Zeit im Badezimmer sein, Yoga, eine Tasse Kaffee oder Tee ganz in Ruhe für dich, oder ein Moment auf dem Balkon – was macht deinen Morgen schöner?

ZUBEHÖR

Nichts.

☐ AUSPROBIERT

TIPP 63

Power-Napping

Spätestens nach der ersten Zeit mit einem Neugeborenen steigt der Wert von Schlaf bei Eltern auf das Niveau von Diamanten. Bleib dir dessen bewusst, wie wichtig Schlaf gerade angesichts der Herausforderungen im Alltag ist. Damit du all das schaffst, musst du ausreichend schlafen. Kennst du deinen individuellen Schlafbedarf? Dieser kann sehr unterschiedlich sein. Achte also darauf, mit wie viel Schlaf es dir gut geht. Geh ab und an früh schlafen und erledige nicht noch zig Sachen, wenn deine Kinder im Bett sind.

Eine Möglichkeit, gut gerüstet in den Nachmittag zu kommen, ist Power-Napping. Probiere es zunächst mit 15 Minuten und verlängere oder verkürze die Zeit entsprechend. Dieser kleine Energieschlaf zwischendrin ist kein richtiger Schlaf. Du bleibst in der Leichtschlafphase, aus der du gut wieder aufstehen kannst. Wenn du merkst, dass du Kreislaufprobleme beim Aufstehen hast, war der Schlaf zu tief und du solltest ihn abkürzen oder auch deine Schlafposition für das Power-Napping verändern. So startest du hinterher mit neuer Energie voll durch.

ANLEITUNG

Nimm dir 15 Minuten Zeit für ein Power-Napping. Wenn es sich machen lässt: Über Mittag. Du kannst es im Sitzen oder im Liegen an einem ruhigen Ort durchführen. Wichtig ist, dass du nicht gestört wirst und wirklich runterfahren kannst. Probiere sowohl mit der Zeit als auch mit der Position aus, was für dich passt. Wenn du dich im Anschluss nicht erholt und energiegeladen fühlst, ändere etwas.

ZUBEHÖR

Ein ruhiger Ort mit einem Sessel, einer Couch oder einem Bett.

☐ AUSPROBIERT

«ORGANISATION ist ein Mittel, KRÄFTE DES EINZELNEN zu vervielfältigen.»

Peter F. Drucker

TIPP 64

Kommt was Neues, muss was Altes gehen

#FENGSHUI

Mit Kindern ziehen lauter neue Gegenstände in einen Haushalt ein. Dadurch entsteht schnell Chaos, was sich durch die wenige Zeit schlecht im Zaum halten lässt. Dabei ist ein gewisser Minimalismus gerade mit Kindern hilfreich, um das Leben leichter zu gestalten. Weniger ist hier oft mehr. Zu viele Gegenstände im Haus strahlen meist Unruhe aus und können uns nervös machen. Aus dem Chinesischen kommt das Wort «Feng-Shui», was uns vermittelt, wie wir eine Umgebung ruhig und strukturiert gestalten. Du möchtest kein Großprojekt beginnen? Das verstehe ich gut. Du gewinnst bereits, wenn du keine neue Sachen ins Haus holst und regelmäßig aussortierst.

ANLEITUNG

Diese simple Regel kannst du sowohl in den Gemeinschaftsräumen als auch in den Kinderzimmern anwenden: Sobald etwas Neues einzieht, geht etwas Altes, um das Gleichgewicht zu bewahren. Du überlegst dir so viel bewusster, was du wirklich brauchst und dir wünschst. Auch deine Kinder lernen hiermit, bewusst auf ihre Bedürfnisse zu achten und nicht blind zu konsumieren – was in einer Welt mit einem derart großen Angebot eine sehr hilfreiche Fähigkeit ist.

ZUBEHÖR

Nichts.

☐ AUSPROBIERT

KAPITEL

ERNÄHRUNG gut vorbereiten

Eine gute Ernährung ist den meisten von uns wichtig, aber im Alltag kommt doch oft genug etwas dazwischen. Gegen ungesundes Snacken und eine ideenlose Nudelküche hilft dir ein bisschen Vorbereitung. Probiere hierbei einfach aus, was für dich passt. Kochen soll keine zusätzliche Höchstleistung von dir sein. Mit diesen Tipps gelingt es dir, gesunde Ernährung in einen vollen Alltag einzubinden.

Entwickle dabei aber keinen Perfektionismus, der dich belastet. Deine Kinder wollen keine Sterneküche oder ein Drei-Gänge-Menü. Wenn du Methoden wie Meal-Prep nutzt, deine Kinder einbindest und einige schnelle Rezepte für eure Familie findest, merkst du schnell, wie unkompliziert gesunde Ernährung sein kann.

VORKOCHEN UND Zeit sparen

Mahlzeiten gehören zum Familienalltag. Wenn du mit einem Plan an diese Aufgabe gehst, gewinnst du Zeit. Plane vorab, was du wann essen möchtest, oder frage deine Kinder, was sie wann gerne essen würden. Du kannst Essen vorkochen und einfrieren. Achte dabei auf die Portionsgröße und beschrifte deine Boxen. Gerade bei aufwendigen Mahlzeiten lohnt sich das Vorkochen, denn so kannst du beispielsweise zweimal Bolognese essen, musst aber nur einmal die Zeit zum Kochen aufbringen.

Die folgenden Produkte lassen sich nicht einfrieren: Milchprodukte (mit hohem Fettgehalt: Vollmilch, Sahne, Sauerrahm, Joghurt/Quark), Weichkäse, Obst und Gemüse mit hohem Wasseranteil, Blattsalate, gelatinehaltige Speisen, rohe Kartoffeln, Eier, Knoblauch.

Wenn eine Sauce Sahne oder Ähnliches enthält, koche sie bis zur Beigabe vor und teile dann die Menge für die Mahlzeit ab, die du einfrieren möchtest. Nach dem Auftauen kannst du bei dieser Portion die Sahne hinzufügen.

Gut geeignet zum Einfrieren sind dagegen Fisch, Fleisch, Brot, Kuchen und Käse. Als Behälter sind solche mit Deckel aus Glas oder Edelstahl ideal. Friere das Essen am besten ohne Plastik ein. Papier und Stoff eignen sich wegen ihrer Luftdurchlässigkeit eher nicht – du riskierst damit Gefrierbrand. Achte auf das Symbol PP. Diese Boxen sind ideal zum Einfrieren geeignet.

ANLEITUNGEN AUF YOUTUBE

TIPP 65

Menü-Wochenplan

Wenn du dir für jede Woche einen Essensplan machst, musst du nicht mehr am jeweiligen Tag überlegen, was du heute kochst und was du dafür brauchst. Um das Nachdenken zusätzlich zu minimieren, kannst du jedem Wochentag ein Thema geben. Das hilft Kindern, einen Wochenrhythmus zu entwickeln und sich zu orientieren. **Montag wäre z. B. der Kartoffel-Tag, Dienstag der Nudel/Reis-Tag, Mittwoch der Eier-Tag, Donnerstag der Suppen-Tag und Freitag gibt es zum Abschluss der Woche ein süßes Hauptgericht.** Am Wochenende könnt ihr gemeinsam kochen oder es gibt Wunschgerichte. Ein solcher Plan sorgt für eine Struktur und automatisch für Abwechslung ohne großen Aufwand. Am Wochenende planst du nur noch, welches Gericht du jeweils kochst, und sparst in der Woche Zeit. **Du bist viel schneller in der Organisation, kannst gezielt einkaufen und manches vielleicht bereits vorbereiten.**

ANLEITUNG

Plane jetzt einmal die Thementage. Danach erstellst du einen konkreten Menüplan für die nächste Woche. Je nach Alter deiner Kinder lässt du sie an dieser Stelle mitbestimmen. Nutze Kochbücher oder Rezepte im Internet als Anregung. Schreibe die Menüs immer am Wochenende und hänge sie für alle sichtbar auf. Hierfür ist eine Pinnwand oder etwas Ähnliches an zentraler Stelle ideal.

ZUBEHÖR

Notizkarten und Stift.

EXTRA-FAMILIEN-TIPP

Denk dran: Du kannst es nicht jedem jeden Tag Recht machen. Als Ausgleich sind Wunschessen viel Wert. Auch das Einbinden der Kinder beim Kochen hilft bei kleinen Nörglern.

NÜTZLICHE INSPIRATION

SPEISEPLAN YOUTUBE

☐ AUSPROBIERT

TIPP 66

Null Bock auf Kochen

Es gibt diese Tage, an denen wir am Ende keine Lust mehr haben, auch noch zu kochen. Wenn du dann auch kein eingefrorenes Essen mehr hast, kannst du etwas Gesundes online bestellen. Schaff dir an dieser Stelle Entlastung, wenn du sie brauchst.

ANLEITUNG

Schau bereits im Vorfeld, welcher Anbieter in deiner Nähe frisches und gesundes Essen liefert. Im Idealfall findest du mehrere Bringdienste, die dich mit ihrem Angebot ansprechen. Speicher dir ihre Daten ab und nutze sie für die Null-Bock-Tage.

ZUBEHÖR

Handy oder Computer.

☐ AUSPROBIERT

TIPP 67

Immer bereit

EINKAUFSLISTE

Vielleicht gibt es in deiner Familie bestimmte Gerichte, die ihr alle gerne esst und die immer gehen. Außerdem sind sie schnell zubereitet und an fast jedem Tag möglich? Perfekt. Damit es am Ende nicht immer Nudeln werden (die viele Eltern nicht mehr sehen können), ist eine abwechslungsreiche Liste gut. Wie wäre es z. B. mit einer schnellen **selbstgemachten Pizza**? Oder **Omelette-Muffins**, die du mit fast allem ergänzen kannst? Vielleicht mögen deine Kinder auch Gnocchi mit Gemüse oder **Zitronenspaghetti mit Lachs und Brokkoli** (oder auch die pure Variante ohne Lachs und Brokkoli). In meiner Familie retten Pfannkuchen den schlimmsten Tag.

WAS DU GENERELL IMMER IM HAUS HABEN SOLLTEST

Fett: Butter und Öl.
Getreide: Mehl, Nudeln, Reis, Haferflocken, Müsli, Cornflakes*.
Getränke: Kaffee*, Tee*, Milch.
Gewürze: Zucker oder Alternative, Salz, Pfeffer, getrocknete Kräuter.
Gemüse und Obst: Kartoffeln, Karotten, Zwiebeln, Knoblauch, Tomaten, Äpfel, Orangen*, Zitronen*, Hülsenfrüchte*, Salat* etc.
Diverses: Trockenhefe*, Backpulver*, Eier, Gemüsebrühe, Parmesan*, Fleisch, Fisch.

*Optional

Selbstverständlich ändert sich die Einkaufsliste bei Vegetarier oder Veganer.

OMELETT MUFFINS

ZITRONEN-SPAGHETTI

ANLEITUNG

Gehe eure Lieblingsrezepte durch und stelle daraus eine Liste eurer Grundzutaten zusammen. Achte darauf, dass hierfür immer ein entsprechender Vorrat im Haus ist. Diese Liste nimmst du bei jedem Einkauf mit, sprich, du schaust zuvor, ob alle Zutaten vorhanden sind.

ZUBEHÖR

Stift.

1	
2	
3	
4	
5	
6	
7	
8	
9	
10	
11	
12	
13	
14	
15	
16	
17	

☐ AUSPROBIERT

TIPP 68

5-Minuten-Rezept

Es gibt Gerichte, die gehen schnell und sind prima, z. B. Rührei. Oder was hältst du von **Gemüsenudeln**? Bei **überbackenem Brot** lassen sich alle möglichen Gemüsesorten lecker verpacken. Mach dich bewusst auf die Suche nach schnellen Rezepten und lass dich überraschen, welche davon familientauglich sind. Meist kannst du einfache Rezepte schnell für euch und euren Geschmack abwandeln. Oft braucht es nur die richtigen Küchengeräte und etwas Planung, und im Nu steht ein leckeres und nahrhaftes Essen auf dem Tisch.

ANLEITUNG

Suche dir familientaugliche Blitzrezepte und drucke sie aus oder markiere sie in einem Kochbuch. Führe einen Blitzrezept Tag in der Woche ein und probiere die Rezepte aus.

ZUBEHÖR

Notizzettel oder Post-its.

5-MINUTEN BLITZREZEPTE

GEMÜSE-SPAGHETTI REZEPT

ÜBERBACKENES GEMÜSEBROT REZEPT

☐ AUSPROBIERT

TIPP 69

One-Pot-Gericht

Kennst du schon die abwaschfreundlichen One-Pot-Gerichte? Dieser Trend kommt aus Italien und bedeutet, dass alle Zutaten in einen Topf geworfen werden. Innerhalb von zehn Minuten ist dann das leckerste Essen auf dem Tisch. Klingt zu einfach, um wahr zu sein? Dann probiere es aus. Du brauchst nur einen großen Topf zum Kochen oder eine tiefe Wok-Pfanne.

ANLEITUNG

ONE-POT-SÜSSKARTOFFEL-CURRY REZEPT

Schäle dazu eine Süßkartoffel und schneide sie in kleine Stücke. Teile den Brokkoli in kleine Röschen. Gib Kokosöl in die Pfanne und brate das Gemüse darin an. Schneide eine Zwiebel klein und schwitze sie kurz mit an. Lösche das Ganze nun mit Kokosmilch und passierten Tomaten ab. Schneide eine Lauchzwiebel in kleine Ringe und hacke nach Geschmack eine rote Chilischote klein. Wenn Kinder mitessen, solltest du beides aber erst nach dem Kochen nur über das Essen der Erwachsenen geben.

ZUBEHÖR

Eine Pfanne und die folgenden Zutaten: Süßkartoffel, Brokkoli, Kokosnussöl, Zwiebel, Dose Kokosmilch, Dose passierte Tomaten, Lauchzwiebel, rote Chilischote.

ALTERNATIV REZEPT

☐ AUSPROBIERT

KAPITEL

BEWEGUNG und Sport

DIE STRESSKILLER SCHLECHTHIN

Bewegung ist wichtig bei der Stressbewältigung. Dein Körper baut hier nicht nur erfolgreich Stresshormone ab, sondern schüttet zugleich Glückshormone aus. Wenn du dich beim Sport auspowerst, verlieren die Probleme des Alltags ihr Gewicht. So kannst du entspannter und mit mehr Zuversicht zurück in deinen Alltag kommen. Genauso wichtig ist allerdings, dass du eine Form von Bewegung wählst, die für dich passt. Wenn Laufen dir keine Freude macht, wähle einen Spaziergang. Vielleicht findest du ein Zeitfenster für eine Runde im Schwimmbad, wenn das deine Leidenschaft ist. Oder du entdeckst eine Trainingsmethode, die du online angeleitet in deinem Wohnzimmer machen kannst. Was es auch ist – jede Form von Bewegung und körperlichem Auspowern hilft dir, im Alltag die Nerven zu behalten.

TIPP 70

Laufen mit Buggy

Bewegung wirkt sich nicht nur gut auf deine körperliche Fitness aus, sondern bessert auch deine Stimmung. Gerade wenn die Stimmung im Haus auf einem Tiefpunkt angekommen ist, kann das Laufen Wunder wirken. Du wirst im Anschluss entspannter sein und dein Kind hat je nach Alter vielleicht kurz geschlafen oder einfach herumgeschaut. Dein Körper baut Stress ab und du fühlst dich ausgeglichener. Mit regelmäßiger Bewegung senkst du nicht nur dein Risiko, an Herz-Kreislauf-Problemen zu erkranken, sondern tust auch etwas für deine Psyche. Gerade mit kleinen Kindern tut Bewegung gut, denn so fühlst du deinen Körper wieder und kommst mit jedem Schritt mehr und mehr in ihm an.

ANLEITUNG

Geh heute (und am besten jeden Tag) an die frische Luft. Setz dein Kind in den Buggy oder deine Kinder in den Fahrradanhänger und lauf oder trampe los. Die frische Luft tut euch allen gut. Achte allerdings darauf, dass du dich nicht überforderst. Wenn du erst mit dem Laufen oder fahren beginnst, sollten die Strecken zu Beginn kurz sein, damit du dich im Anschluss fit und nicht komplett fertig fühlst. Steigere dich langsam mit der Zeit. Selbstverständlich kannst du auch deine Me-Time für einen achtsamenSpatziergang nutzen. Hauptsache du kannst den Kopf kurz lüften.

ZUBEHÖR

Turnschuhe und ein entsprechendes Gefährt für dein Kind oder deine Kinder.

☐ AUSPROBIERT

TIPP 71

Beine und Arme kreuzen

AKTIVIERUNG DER GEHIRNHÄLFTEN

Du hast am Morgen Probleme mit dem Aufstehen? Diese Übung bringt dich schnell in Schwung und ist perfekt für die morgendliche Routine. Hiermit weckst du beide Hirnhälften und bist direkt wacher. Kinesiologie beschäftigt sich mit den unterschiedlichen Energieflüssen im Körper. Nur wenn die Energie frei im Körper fließen kann, ist der Mensch gesund – so die Überzeugung. Die Übungen sind oftmals sehr einfach und lassen sich gut zuhause anwenden.

ANLEITUNG

Stell dich aufrecht hin und halte die Arme an den Seiten. Zieh erst das linke Bein angewinkelt hoch und berühre mit dem linken Knie die rechte Hand. Jetzt dreh das Spiel um und mach die Übung mit dem anderen Bein und der anderen Hand. Wiederhole diese Übung je dreimal pro Seite.

ZUBEHÖR
Nichts.

☐ AUSPROBIERT

« EINE REISE von tausend Meilen BEGINNT MIT EINEM kleinen SCHRITT »

Laotse
chinesischer Philosoph

TIPP 72

Yogageschichte

#YOGAÜBUNG #YOGAMITKIND

Yoga fördert den Abbau von Stress und lässt sich durch die simplen Bewegungsmuster schnell erlernen. Ein elementarer Grundsatz lautet: Achte deine persönlichen Grenzen. Beim Yoga geht es nicht darum, aus dem Stand die Handflächen auf den Boden legen zu können. So weit, wie du kommst, ist es richtig. Das bedeutet auch: Beim Yoga lernst du, auf dich und deinen Körper zu achten. Du entwickelst mit der Zeit ein besseres Körpergefühl und gewinnst innere Ruhe. Und da es so leicht ist (und viele der Haltungen so schöne Namen haben wie «der Baum» oder «der Hund»), bietet sich Yoga auch als gemeinsame Aktivität mit deinen Kindern an.

ZUBEHÖR
Eine Yoga- oder Sportmatte als Untergrund.

01

Setz dich mit deinem Kind auf einer Matte in den Schneidersitz. Begrüßt euch. Atmet zu Beginn bewusst ein und aus – die ruhige Atmung ist wichtig. Ihr atmet durch die Nase ein und durch den Mund aus.

02

Jetzt flattert ihr mit den Beinen vor lauter Aufregung und atmet tief ein.

03

Streckt die Arme über den Kopf und bringt sie dann wieder vor eure Nase.

04

Nun legt ihr die Hände mit den Handrücken zum Himmel auf die Oberschenkel und schließt eure Augen. Atmet tief ein und aus.

05

In dieser Position beginnst du, eine Geschichte zu erzählen: Es war einmal ein warmer Sommermorgen. Wunderschöne Blumen wachsen auf einer saftigen Wiese. Sie strecken sich in die Höhe und grüßen die Sonne.

06

Da hoppelt ein kleiner Hase vorbei. Er hat lange Ohren. Er bewegt seine Ohren einmal rechts und einmal links nach oben und nach unten.

07

Plötzlich kommt eine Katze daher und begrüßt den Hasen. Sie beugt ihren Rücken erst nach oben, dann nach unten und sagt «Miau».

08

Sie räkelt ihren ganzen Körper, nimmt das linke Bein hoch und die rechte Pfote nach oben und fährt die Krallen aus. Dann macht sie das Gleiche mit dem rechten Bein und der linken Pfote.

Das sieht ein Hund, der gerade in der Nähe ist.
Er streckt seinen Popo weit nach oben…

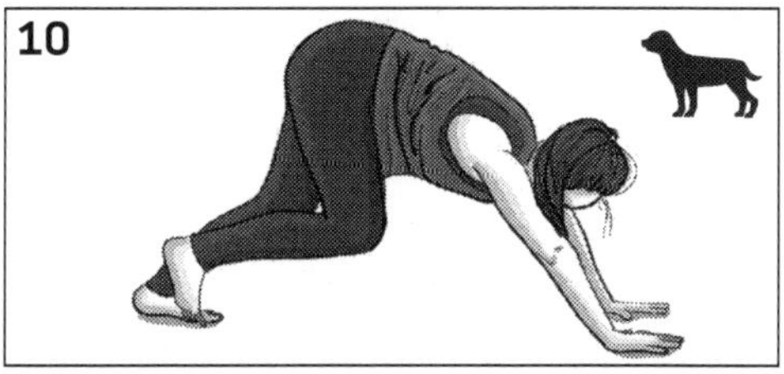

und tritt mit den Hinterbeinen auf der Stelle, um die Katze zu begrüßen.

Abwechselnd streckt er seine Beine nach oben.
«Wuff wuff».

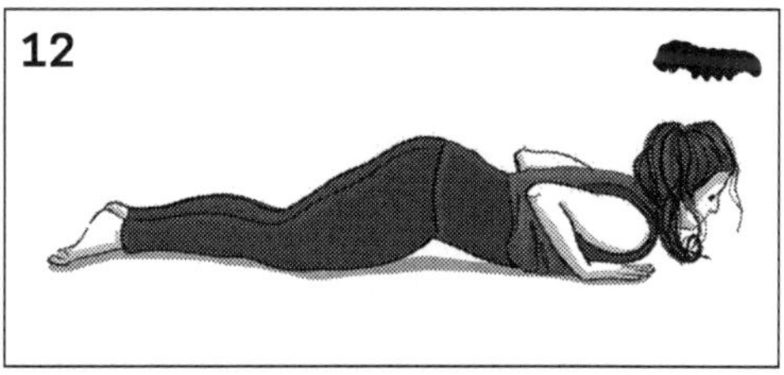

Da kommt eine Raupe vorbei. Sie lupft den Popo rauf und runter.

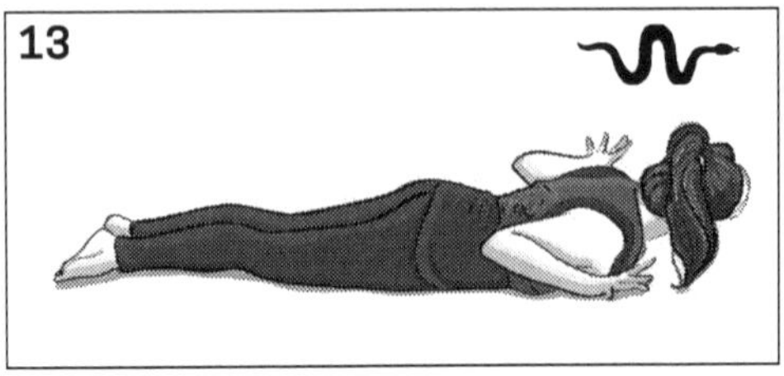

Schließlich taucht eine Schlange auf, räkelt sich und schaut, was da geschieht.

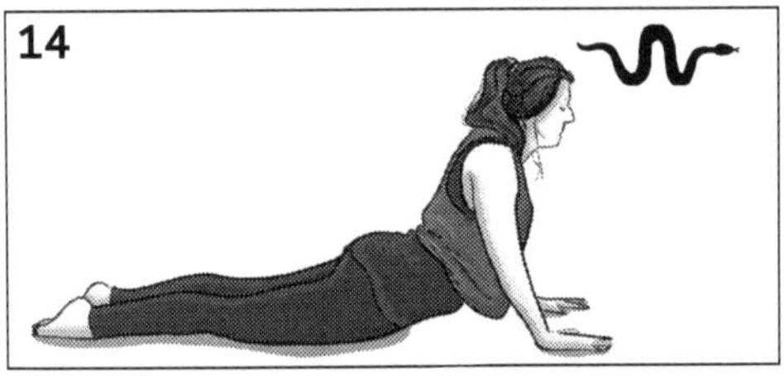

Sie zischt und richtet sich auf. Immer höher.

Mit ihrem Zischen schreckt sie einen Grashüpfer auf, der einen weiten Hopps vorwärts macht.

Alle begrüßen ihn und sagen «Guten Morgen».

Dann strecken sie sich in Richtung der Sonne.

Und weil's so schön ist, fangen alle wieder unten an und grüßen nochmals die Sonne.

Alle strecken sich nochmals nach oben: «Hallo Sonne». Und jetzt das Ganze noch mal von vorn, damit auch alle wach sind!

Damit endet die Geschichte. Setzt euch wieder in den Schneidersitz und nehmt dabei beide Arme über die Seite ein letztes Mal hoch zur Sonne.

Faltet eure Hände und bringt sie vor euer Gesicht.

KAPITEL

FÜR DIE GUTE *Laune* MEINER KIDS

Deine Kids haben gerade besonders «gute» Laune? Wenn sie den Raum betreten, ist die Luft sofort zum Schneiden dick oder aber die Raumtemperatur sinkt merklich? Emotionen sind komisch und können auch die kleinsten Menschen schon stark erwischen. Für dich als Mama ist es wichtig, deinen Kindern einen konstruktiven Umgang mit ihren Emotionen beizubringen. Sie dürfen schlechte Laune haben und traurig sein. Muntere sie nicht zwanghaft auf. So beginnen sie nur, ihre echten Gefühle zu verdrängen. Sei stattdessen für sie da und nimm ihre Gefühle an. Zeig ihnen ihre Stärken und wie sehr du sie liebst. Diese Übungen helfen dir dabei.

TIPP 73

Anerkennungs-runde...

...MIT DER FAMILIE

Wir lieben unsere Kinder sehr und sehen in ihnen all die wunderbaren Eigenschaften, die sie mitbringen. Unsere Kinder zweifeln jedoch ebenso wie jeder andere Mensch an sich selbst. In der Außenwelt erleben sie außerdem auch andere Reaktionen auf ihr Wesen. Daher ist es besonders wichtig, dass wir ihnen gerade in schwierigen Phasen Anerkennung schenken. Vielleicht erleben sie momentan einen Übergang, der ihnen zu schaffen macht, oder ein Freund hat sich von ihnen verabschiedet und ist jetzt mit einem anderen Kind befreundet. Auch wenn du, mit deiner Lebenserfahrung, diese Entwicklung vorhergesehen hast, bricht für dein Kind mit dem Ende dieser Freundschaft eine Welt zusammen. Es tut ihm jetzt gut, wenn du ihm deinen liebevollen Blick auf sein Wesen schenkst. Du kannst als Mama traurige Erfahrungen nicht verhindern, aber du kannst deinem Kind immer zeigen, wie wunderbar es ist.

ANLEITUNG

Du kannst eine Anerkennungsrunde als festes Ritual in euer Familienleben einbinden. So stärkt ihr euch gegenseitig und jeder auch sich selbst. Ihr geht reihum. Dabei wird jeder von jedem mit einer Anerkennung bedacht. Es kann auch etwas Banales sein, wie «Ich schätze an dir, dass du beim Tischdecken geholfen hast» oder «Ich finde es gut an dir, dass du so liebevoll bist». Am Ende sagt jeder etwas Positives zu sich selbst: «Ich schätze an mir, dass ich mir immer Mühe gebe.»

ZUBEHÖR

Nichts.

☐ AUSPROBIERT

TIPP 74

Rollenwechsel

#ACHTSAMKEIT

Bei dieser Übung werden einmal in der Woche die Rollen gewechselt, und das Kind – oder abwechselnd eins der Kinder – übernimmt das Zepter. Verantwortung zu übernehmen, stärkt dein Kind, denn so hat es eine wichtige Aufgabe und kann etwas. Ihr als Eltern nehmt euch zurück und zeigt eurem Kind, dass ihr ihm vertraut. Entscheidend ist dabei, dass ihr euch dann auch wirklich zurückhaltet.

ANLEITUNG

An diesem Tag beobachtet das Kind die Dynamik in der Familie. Wenn es bemerkt, wie sich die Stimmung verändert, spricht es das Zauberwort und dann gibt es beispielsweise ein Team-Meeting oder eine andere Übung aus eurer Familienwerkzeugkiste. Hierbei kann wieder das Kind überlegen, welche Übungen es besonders mag und sinnvoll findet.

ZUBEHÖR

Nichts.

☐ AUSPROBIERT

TIPP 75

Sprich mit dem Hasen

Manchmal können Kinder im Kindergartenalter nicht über ihre Gefühle sprechen, weil sie noch zu groß oder zu unsortiert sind. Wenn du hierfür mit ihnen ein Spiel spielst, erleichterst du ihnen das Reden. Vielleicht habt ihr bereits ein besonders geliebtes Kuscheltier oder du bringst für dieses Spiel einen Plüschhasen mit, der nur für diese Situationen da ist: der Rede-Hase. Wenn du spürst, dass dein Kind traurig und aufgewühlt ist, fragst du es, ob es mit dem Rede-Hasen sprechen möchte. Ein Kuscheltier kann die Hemmungen abbauen, und auf ein Spiel lassen sich gerade Kindergartenkinder viel eher ein als auf die Frage «Wie war dein Tag?». Nutze das, damit dein Kind im Spiel einen Zugang zum Sprechen über Gefühle erhält.

ANLEITUNG

Je nach Charakter deines Kindes kannst du das Spiel vielleicht noch weiter ausbauen. So könnte dein Kind z. B. mit dem Rede-Hasen einen Tee aus dem Puppengeschirr trinken. Lass dich hier auf die Spielwelt deines Kindes ein. Jetzt kann der Rede-Hase vielleicht von seinem Bauchweh erzählen, weil ihm eine Situation so sehr Kummer bereitet. Oder der Rede-Hase fragt dein Kind, ob es gerade Sorgen hat. Probiere hier aus, in welcher Situation dein Kind am besten reden kann.

ZUBEHÖR

Ein Stoffhase oder ein anderes Kuscheltier.

☐ AUSPROBIERT

TIPP 76

Sensorik Flasche

Du kannst mit unterschiedlichen Materialien wunderschöne Sensorik-Flaschen herstellen. Je nach Alter und Interessen deines Kindes kommen dabei beispielsweise Perlen, Farben oder Knöpfe in Frage. Der Blick in eine solche Flasche beruhigt bereits Kleinkinder. Bei kleineren Kindern sind beispielsweise Smoothie-Flaschen optimal, während du bei größeren auch Trinkflaschen verwenden kannst. Die Flaschen sollten aus Glas oder Plastik sein. Wichtig ist, dass sie stabil sind und sicher schließen. Das gilt insbesondere bei Flaschen, die du mit Öl befüllst.

ANLEITUNG

Reinige zunächst die Flaschen gründlich und löse die Etiketten sorgfältig ab. Färbe etwas Wasser mit Lebensmittelfarbe ein und befülle die Flaschen damit. Nun färbst du Babyöl mit «Candy Colors» ein und gibst es in einige der Flaschen. Bei den anderen Flaschen mischst du die Materialien einfach mit etwas Wasser, so dass die Bewegungen für dein Kind spannender sind. Du kannst die Verschlüsse zusätzlich mit einer Heißklebepistole sichern. Überprüfe, dass die Deckel wirklich ganz zu sind, bevor dein Kind damit spielt. Ein weiter Vorteil ist: Sobald dein Kind mit den Sensorik-Flaschen beschäftigt ist, kannst du etwas anderes machen.

ZUBEHÖR

Flaschen in der richtigen Größe, Lebensmittelfarben, Babypflegeöl, Perlen, Kristalle, Glitzer, Knöpfe und öllösliche Farben wie Candy Colors.

INSPIRATION AUF YOUTUBE

☐ **AUSPROBIERT**

TIPP 77

Überraschungs-kiste

Es gibt Situationen im Alltag mit kleinen Kindern, die folgen bestimmten Abläufen und bringen Unruhe und Stress mit sich. Vielleicht beginnt dein Kind immer dann zu weinen, wenn du mal kurz telefonieren musst. Oder ihr wollt zum Einkaufen gehen und sobald du die Sachen packst oder dich anziehst, beginnt dein Kind zu brüllen. Es spürt deinen Druck oder Stress und fühlt sich verunsichert. Diese Situationen kannst du mit einer Überraschungskiste entspannen. Dein Kind freut sich über diese Kiste und ist abgelenkt, während du in Ruhe alles Notwendige erledigen kannst. Im Anschluss bist du wieder voll bei deinem Kind, um es beispielsweise anzuziehen.

ANLEITUNG

Fülle eine kleine Box mit besonderen Spielsachen, die es nur in diesen Situationen gibt. Im normalen Alltag sollte diese Kiste am besten außerhalb der Sichtweite deines Kindes untergebracht sein. Die Kiste sollte so gestaltet sein, dass dein Kind sie allein untersuchen und sich aus ihr bedienen kann. Damit die Box spannend bleibt, solltest du die Sachen immer mal austauschen. Es muss nichts Teures oder Aufwendiges in der Kiste sein. Bereits über Kleinigkeiten freuen sich Kinder so sehr, z. B. Pixi-Bücher, ein Kaleidoskop, besondere Klangsteine oder eine Sensorik-Flasche (siehe Seite 156).

ZUBEHÖR

Von dir gepackte Überraschungskiste.

☐ AUSPROBIERT

TIPP 78

Beschäftigungs-dingsbums

Dein Kind hat Langeweile und hängt an deinem Bein, aber du musst kurz etwas erledigen? Dann ist es Zeit für das Beschäftigungsdingsbums. Hinter diesem Wort versteckt sich ein vorbereiteter Salzteig samt Förmchen oder anderen gesammelten Materialien, die sich gut mit Salzteig verwenden lassen. Diesen Teig bekommt dein Kind in einer solchen Situation und kann kreativ vor sich hin werkeln. Damit ist es erst einmal beschäftigt und du kannst das erledigen, was du lieber ohne Kind an deinem Hosenbein machen wolltest.

ANLEITUNG

Bereite einen Salzteig vor, den du luftdicht verschlossen zur Seite stellst. Du kannst ihn auch in einer oder mehreren Farben einfärben. Sammle außerdem Plastikabfälle und reinige sie, wenn du glaubst, dass sie beim Beschäftigungsdingsbums sinnvoll sein könnten: leere Deckel, kleine Schälchen, Eisstiele, Röhrchen usw. Dein Kind kann sie in den Teig stecken, ihn damit rollen, kneten oder was immer ihm sonst noch einfällt.

ZUBEHÖR

Eine Dose mit Salzteig auf Vorrat und eine Dose mit gesammelten Gegenständen.

SALZTEIG-REZEPT

Für dieses Rezept brauchst du lediglich drei Zutaten: Mehl, Salz, Wasser. Diese mischst du im Verhältnis 2:1:1. Orientiere dich bei der Menge am Mehl, denn daran kannst du gut sehen, wie viel Salzteig du am Ende erhältst. Zuerst mischst du die trockenen Zutaten Mehl und Salz in einer Schale. Gib langsam das Wasser hinzu und knete so lange, bis du einen glatten Teig hast. Damit der Teig nicht an den Händen klebt, kannst du einfach ein bisschen Mehl hinzugeben. Sobald du mit dem Kneten fertig bist, kannst du den Salzteig zum Beschäftigungsdingsbums machen.

EXTRA-TIPP

Du möchtest gerne mit farbigem Salzteig arbeiten? Dann färbe deinen Teig am Ende mit Lebensmittelfarben ein. Wenn du den Salzteig später backen möchtest, ist wichtig zu wissen, dass die Farben dabei an Intensität verlieren. Nutze darum eher mehr als zu wenig Farbe. Wenn du besonders kräftige Farben haben möchtest, lässt sich der Salzteig nach dem Backen auch bemalen.

☐ AUSPROBIERT

TIPP 79

Team-Meeting

Familienleben verläuft häufig in Phasen. Es gibt Aufs und Abs, und das ist normal. Wenn du jedoch bemerkst, dass irgendwie gerade eine Schieflage in eurer Familie besteht, solltest du aktiv werden. Denn eine Familie lebt von ihrer Kommunikation. Wenn diese nicht offen und zugewandt verläuft, kann es zu Missstimmungen und Brüchen kommen. Achte hier aufmerksam, aber auch nicht zu ängstlich auf die allgemeine Stimmung. Wenn du das Gefühl hast, es liegt etwas im Argen, nutze das Team-Meeting aus dieser Übung. Es hilft euch, miteinander zu sprechen, gegenseitig eure Bedürfnisse wahrzunehmen und entsprechend darauf reagieren zu können.

Ihr spürt, dass in eurer Familie etwas nicht rundläuft? Dann dürft ihr mit einem abgesprochenen Zauberwort das Team-Meeting einberufen. Das musst übrigens keineswegs immer du als Mama machen, auch dein Partner oder deine Kinder können jederzeit eine Teamsitzung ausrufen. Hierbei gibt es einige Regeln, die ihr beachten müsst: Alle dürfen aussprechen. Idealerweise spricht jeder von euch in Ich-Botschaften. Eigene Bedürfnisse werden ehrlich benannt und es wird nicht gewertet. Zum Beispiel muss es für das Kind möglich sein zu äußern, dass es allein mit einem oder beiden Elternteilen etwas unternehmen möchte. Alle Aussagen sollten neutral geäußert werden. Wenn ihr bemerkt, dass das Ausreden lassen ein Problem ist, könnt ihr es mit einem sogenannten Redestein versuchen, der weitergegeben wird.

Die Familie setzt diese Bedürfnisse anschließend zeitnah um – «zeitnah» deshalb, weil die geäußerten Bedürfnisse unterschiedlich sein können. Wenn eines deiner Kinder sich einen gemeinsamen Ausflug ins Schwimmbad wünscht, könnt ihr es vielleicht nicht sofort umsetzen. Aber es sollte zeitnah eingeplant werden. Besprecht vorher, wie groß die Wünsche sein dürfen. Ist ein Besuch im Schwimmbad beispielsweise generell machbar? Wo zieht ihr die Grenze? Sprecht vorher mit euren Kindern und fragt sie auch, welche Bedürfnisse sie bei sich schon kennen. In den Arm nehmen, in Ruhe ein Buch vorlesen, einen Kakao zusammen trinken, in der Sandkiste spielen oder etwas besonders Leckeres essen – die Bedürfnisse können vielfältig sein. Manchmal wirst du überrascht sein, und genau daher ist diese Übung so wertvoll für eine Familie. Denn du kannst nicht in die Köpfe deiner Kinder hineinschauen, um zu wissen, was sie sich wünschen.

ZUBEHÖR

Eventuell ein Redestein.

☐ AUSPROBIERT

TIPP 80

Zeit? Kann man das essen?

#ACHTSAMKEIT

Oftmals fallen Kindern Übergänge sehr schwer. Sie haben noch kein Zeitverständnis und sind oft sehr vertieft in das, was sie tun. Wenn du sie vom Kindergarten abholen möchtest und sie gerade im Spiel sind, kommst du zu früh – auch wenn es einfach die normale Zeit ist und sie gerade gestern noch fanden, dass du sie immer viel zu spät abholst. Wenn du vom Spielplatz nach Hause gehen möchtest, weil es dunkel wird, passt es garantiert auch nicht. Um unnötigen Stress zwischen euch zu vermeiden, kannst du dich hierauf vorbereiten und eine Strategie entwickeln. Zum Beispiel kannst du deinen Kindern auf dem Spielplatz bereits einen Moment vorher sagen, dass ihr gleich gehen werdet. Stelle hierfür eine kleine Sanduhr in ihrer Sichtweite auf oder stelle den Wecker in deinem Handy. Hiermit erleichterst du ihnen den Übergang.

ANLEITUNG

Überlege, was in der Situation sinnvoll ist. Kannst du eine Sanduhr sicher aufstellen? Wenn dafür kein Platz ist, stelle den Wecker auf deinem Handy und zeig das deinem Kind. Sag ihm zwischendrin den aktuellen Stand, wie bei einem Countdown, so dass sich dein Kind vorbereiten kann. Brich auf, wenn die Zeit um ist. Vielleicht gibt es zu Beginn noch Diskussionen, aber langfristig lassen sich durch diese Lösung viele Situationen entschärfen.

ZUBEHÖR

Sanduhr oder Handy.

☐ AUSPROBIERT

Familie

einander zuhören
GEMEINSAM LACHEN
zusammenhalten
Versprechen halten
einander vertrauen
MITEINANDER REDEN
einander helfen
ZUSAMMEN FEIERN
Fehler verzeihen
einander lieben

ZUM AUSDRUCKEN

ENTSPANNTE MAMA Bucket List

- [ ] DEINE FAMILIE UND DU SEID EIN TEAM – TEILT EUCH DIE AUFGABEN.
- [ ] SETZE PRIORITÄTEN IM HAUSHALT. WAS DICH STRESST, ERLEDIGST DU, UND DER REST DARF LIEGENBLEIBEN.
  LIEBER EIN BISSCHEN STAUB UND CHAOS ALS SCHLECHTE STIMMUNG.
- [ ] VERABSCHIEDE DICH DAHER VOM PERFEKTIONISMUS.
  DAS LEBEN MIT KINDERN IST BUNT UND CHAOTISCH – MIT ÜBERTRIEBENEM PERFEKTIONISMUS UND FESTEN VORSTELLUNGEN BEGRENZT DU DEN ALLTAG UND SORGST FÜR MEHR STRESS.
- [ ] DU KANNST NICHT KONTROLLIEREN, WAS ANDERE ÜBER DICH DENKEN.
  SAG DIR DAHER IMMER WIEDER: MIR IST EGAL, WAS ANDERE ÜBER MICH DENKEN, MEIN BAUCHGEFÜHL MUSS STIMMEN!.
- [ ] TRAU DEINER EIGENEN WAHRNEHMUNG UND VERLASS DICH AUF DEIN BAUCHGEFÜHL. WENN DAS STIMMT, IST ALLES GUT.
- [ ] ACHTE AUF DICH UND DEINE GRENZEN. LERNE, **NEIN** ZU SAGEN.

- ERLAUBE DIR, ABZUGEBEN UND DEINE ALLIANZEN UM HILFE ZU BITTEN.
- LASS DEINE SORGEN NICHT ZU EINEM RIESIGEN BERG WACHSEN, SONDERN SPRICH EHRLICH DARÜBER MIT MENSCHEN, DENEN DU VERTRAUST.
- ACHTE AUF DEIN STRESSLEVEL UND SORGE FÜR RUHE, WENN ES STEIGT.
- SEI ACHTSAM MIT DEINER PERSPEKTIVE: DU «DARFST», DU «MUSST» NICHT.
- VERSCHENKE DEINE ANERKENNUNG GROßZÜGIG UND UMGIB DICH MIT MENSCHEN, DIE DICH UND DEIN WESEN SEHEN UND EBENFALLS ANERKENNEN.
- BAUE DIR ZEITPUFFER IN DEINEN ALLTAG EIN UND VERMEIDE DAMIT ZEITSTRESS.
- ACHTE UND SCHÄTZE DIE KLEINEN DINGE IM LEBEN, EBENSO WIE JEDEN KLEINEN SCHRITT VON DIR.
- NIMM DIR ZEIT FÜR DEINEN PARTNER UND GENIESSE SIE ACHTSAM.
- ORGANISIERE DEINE KÜCHENZEIT NEU – DAS ENTSPANNT.
- NIMM DIR GROßE UND KLEINE MAMA-AUSZEITEN – OHNE SCHLECHTES GEWISSEN.

Schlusswort

Klopf dir an dieser Stelle auf die Schulter. Du hast sicher vieles gelernt, beispielsweise deinen **Stress klarer zu sehen, Stressquellen auszuschalten und Nein zu sagen**. Vielleicht hast du einige Übungen bereits fest in eurem Alltag als Familie integriert oder bei anderen festgestellt, dass sie bei euch nicht passen. Möglicherweise hast du Übungen abgewandelt, damit sie für dich und deine Familie funktionieren. Genau so soll es sein. Dieses Buch ist wie ein kleiner Werkzeugkoffer – arbeite damit und pass das Werkzeug für dich an. Hämmere und klopfe, bis es für euch richtig ist. Denn darum geht es am Ende – um euch als individuelle Familie. Es ist ein wunderschönes Gefühl, mit diesem Buch ein kleiner Teil in den spannenden Familiengeschichten anderer Menschen sein zu dürfen. Ich wünsche dir von Herzen, dass du diese Reise weiter mit viel Freude gehst und die Leichtigkeit in deinem Alltag als Mama einen festen Platz behält. **Mit Liebe, Humor und der ein oder anderen kreativen Lösung macht Familie – und eigentlich das ganze Leben – mehr Spaß.** Pfeif auf die Meinung der anderen und finde deinen eigenen Weg mit deiner Familie.

Ich wünsche dir von Herzen viel Freude dabei!

Danke...

...AN DIE VIELEN HELFER-MAMAS

Dieses Buch wäre mit dem Erfahrungsschatz von nur einer Mama nicht möglich gewesen. Hier brauchte es ein Netzwerk aus wunderbaren und kreativen Mamas, die ehrlich über ihre Erfahrungen mit der alltäglichen Überforderung und ihren Lösungen für knifflige Situationen sprechen. An dieser Stelle möchte ich diesen einzigartigen Mamas danken, die dieses Buch mit ihrer Hilfe möglich gemacht haben.

Speziellen Dank an: Saskia, Aida, Flurina, Kathleen (Mama und Kinesiologin), Iris, die beiden Nadjas, Johanna, Karin, Nadine, Samantha, Fabienne, den Mamas aus der Mütterberatung, Papa Bernhard und die wunderbaren Grosseltern Heidi & Ulf und Verena & Robert.

AUCH DEINE HILFE IST GOLD WERT!

Für mich ist es wahnsinnig spannend, wie du mit diesem Buch arbeitest und was du denkst, denn es wurde viel Herzblut hineingesteckt. **Deine Meinung liegt mir sehr am Herzen.** Daher würde ich mich über eine Rezension von dir auf Amazon sehr freuen. Mit konstruktiver Kritik bietest du mir die Chance, mich und mein Projekt zu verbessern. Nur wenn ich weiß, was du dir wünschst und was du brauchst, kann ich dir die richtige Unterstützung anbieten. Ich möchte meine Tipps stetig weiterentwickeln und auf deine Wünsche als Leserin eingehen. Du darfst selbstverständlich auch per Mail oder über Facebook mit mir/uns Kontakt aufnehmen (Kontaktdaten siehe Impressum).

MÖCHTEST DU BEIM NÄCHSTEN BUCH MITBESTIMMEN?

Dann bewerbe dich per E-Mail (epifaniverlag@gmail.com). Wir laden dich dann zu unserer geschossenen, exklusiv-Facebook-Gruppe ein.

HAPPY WIFE,
HAPPY LIFE
SEITE 10

BERUFSTÄTIGE
MAMAS
SEITE 16

HAFTUNGSAUSSCHLUSS

Die Benutzung dieses Buches und die Umsetzung der darin enthaltenen Informationen erfolgt ausdrücklich auf eigenes Risiko. Dieses Buch enthält Tipps und Meinungen der Autorin und hat die Absicht, informatives und hilfreiches Wissen zu vermitteln. Es gibt keine Garantie dafür, dass die enthaltenen Strategien für jeden Leser passen und funktionieren. Haftungsansprüche gegen den Verlag und die Autorin für Schäden materieller oder ideeller Art, die durch die Nutzung oder Nichtnutzung der Informationen bzw. durch die Nutzung fehlerhafter und/oder unvollständiger Informationen verursacht wurden, sind grundsätzlich ausgeschlossen. Somit sind jegliche Rechts- und Schadenersatzansprüche ausgeschlossen. Das Werk inklusive aller Inhalte wurde unter größter Sorgfalt erarbeitet. Der Verlag und die Autorin übernehmen jedoch keine Gewähr für Aktualität, Korrektheit, Vollständigkeit und Qualität der bereitgestellten Informationen. Druckfehler und Falschinformationen können nicht vollständig ausgeschlossen werden. Sowohl der Verlag als auch die Autorin übernehmen keine Haftung für die Aktualität, Richtigkeit und Vollständigkeit der Inhalte des Buches, ebenso nicht für Druckfehler. Es kann keine juristische Verantwortung sowie Haftung in irgendeiner Form für fehlerhafte Angaben und daraus entstandene Folgen vom Verlag bzw. von der Autorin übernommen werden.

Die mit Sternchen (*) gekennzeichneten Links sind sogenannte Affiliate-Links. Wenn du auf so einen Affiliate-Link klickst und über diesen Link einkaufst, bekomme ich von dem betreffenden Online-Shop oder Anbieter eine kleine Provision. Für dich verändert sich der Preis nicht. Die Produkte können selbstverständlich auch anderweitig gekauft werden.

Ich empfehle, und das ist mir enorm wichtg, ausschliesslich Produkte die ich selber getestet habe und bei denen ich dahinter stehen kann.

IMPRESSUM

1. Auflage 2022

DIE AUTORIN WIRD VERTRETEN DURCH
Sabrina Epifani
Im Heidenkeller 7b
CH-8902 Urdorf

KONTAKT
epifaniverlag@gmail.com

COVERGESTALTUNG/-KONZEPT UND BUCHSATZ
Sabrina Epifani | epifani.ch
unter Verwendung von Motiven von: www.freepik.com

ILLUSTRATIONEN
Sabrina Epifani | epifani.ch
©Sabrina Epifani

VERANTWORTLICH FÜR DEN DRUCK
Amazon Italia Fulfillment | Poland Sp. z o.o, Wroclaw

Taschenbuch: 978-3-9525735-0-1

Dieses Buch ist auch als gebundene Ausgabe erhältlich:
978-3-9525735-1-8

VERLAGS-SEITE

Notizen

Printed in Poland
by Amazon Fulfillment
Poland Sp. z o.o., Wrocław

14401006R00103